선생님께는
배우지 않을
거예요

선생님께는 배우지 않을 거예요

초판 1쇄 발행 2019년 7월 22일

지은이 | 허버트 콜
옮긴이 | 오필선

발행인 | 김병주
출판부문 대표 | 임종훈
주간 | 이하영
편집 | 박현조, 김준섭
디자인 | 디자인붐
마케팅 | 박란희
펴낸 곳 | (주)에듀니티(www.eduniety.net)
도서문의 | 070-4342-6110
일원화 구입처 | 031-407-6368 (주)태양서적
등록 | 2009년 1월 6일 제300-2011-51호
주소 | 서울특별시 서대문구 연희로2길 76 4층

ISBN 979-11-6425-026-4 (03370)

* 책값은 뒷면 표지에 있습니다.
* 이 책의 국립중앙도서관 출판시도서목록(CIP)은 www.nl.go.kr/ecip에서
  이용하실 수 있습니다.

미국의 교육운동가
허버트 콜의 교육 이야기

선생님께는
배우지
않을 거예요

허버트 콜 지음 · 오필선 옮김

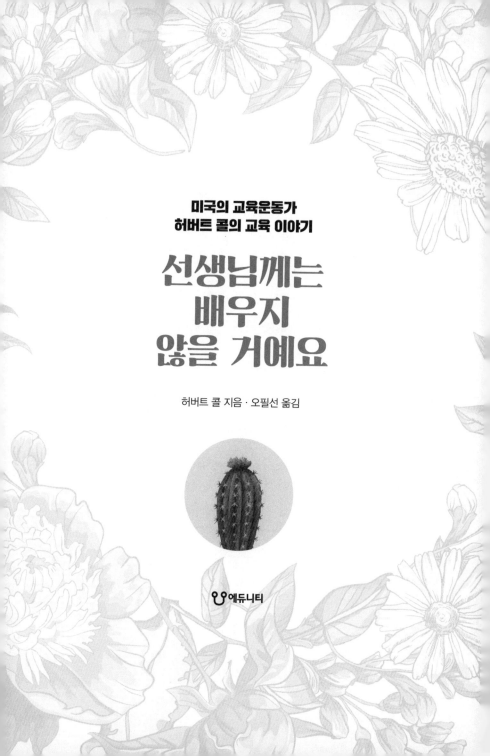

에듀니티

정의를 위한 부단한 투쟁에 헌신한

아크미르(본명 르로이 카터)와 베티 롤스를

추모하며

이 책은 하나의 사건이다!

허버트 콜. 미국 대안 교육의 신화적 존재이며 미국에서 수많은 혁신가의 대부로 불리는 그의 책이 이제라도 소개되기 시작해서 천만다행입니다. 그는 하버드대 입학 후 비범함을 인정받았지만 빈민가의 학교 현장으로 내려가기를 선택했고, 그러면서도 학계를 빈번하게 왕래하며 미국의 교사들에게 특별한 길을 안내한 '교사들의 교사'입니다. 자신과 같은 교사들을 작가로, 과학자로 또 통찰력 깊은 관찰자가 되도록 도우며 교사가 아이들 한명 한명을 소우주로 바라보게 만든, 천문학적인 인본주의자입니다. 지식이나 만남을 범주화하거나 집단화하지 않고 개별화, 주체화하면서 아이가 오롯이 자기 자신이 되게 하는 지적인 독립과 모험을 즐겨온 그의 사상적 태도가 이 책에도 깊이 배어 있습니다.

허버트 콜은 세상에 대한 특별한 시선을 가지고 있는 것 같습니다. 자신의 세계에 깊숙하고 철저하게 천착하지만 그렇기에 타인의 세계도 철저히 감정 이입할 수 있었던 경험을 숱하게 갖고 있습니다. 아이들과 교사들의 세계, 그 관계를 탐험해온 소우주 여행자인 그는 아이가 자기 자신이 될 수 있도록 이끄는 데 놀라운 능력을 지닌 선지자적인 분입니다. 우리가 스스로 자신을 속이지 않고 자기 자신이 되려면 그는 첫째, 배우지 말아야 할 것들을 배우지 않기로 결단해야 한다고 말합니다. 둘째, 희망을 잃게 만드는 온갖 시도들에 맞서 희망을 퍼뜨려야만 한다고 말합니다. 셋째, 제대로 배우기 위해서는 함부로 적응하지 않고 창의적으로 부적응하기와 같은 시도를 해야만 한다고 말합니다. 허버트 콜은 진실하고 주체적인 인간이 되는 길의 이정표를 이렇게 세웠습니다. 하지만 이 길은 학생에게는 매우 과감하고도 어려운 도전입니다. 그걸 교사가 알아야 합니다. 교사는 정의에 위배되는 것을 배우지 않고자 하는 아이들을 도울 줄 알아야 합니다. 자신을 존중하지 않는 교사에게는 배우지 않겠다는 아이들을 기꺼이 인정해주고, 온갖 불리한 상황이 벌어져도 희망을 잃지 않는 아이들을 응원해줄 수 있어야 합니다. 아무것에나 굴복하고 영리한 척, 무엇이든 빨리 적응하는 척하는 아이들보다는 창의적인 자신을 지켜내기 위해 부적응을 택하는 아이들을 기다려주어야 합니다.

이 책은 다수, 대세, 평판, 인기, 집단 뒤에 숨고 회피하면서 진정한 자아의 소재를 잃어가는 현실 속의 교사와 아이들의 심장을 다시 우렁차게 박동시켜줄 하나의 사건입니다. 40여 권이 넘는 허버트 콜의 책들이 앞으로도 계속 발굴되어 소개되기를 희망하면서 그 보석을 캐내준 역자와 에듀니티 출판사에 감사드립니다.

– 김현수(명지병원 정신건강의학과 전문의, 성장학교 별 교장,
《무기력의 비밀》《교사상처》《교실심리》 저자)

당신은 가르침의 씨앗을 가졌는가

교육이란 정해진 교과 내용을 전달하고 평가하는 것이 아니라, 교사와 학생의 마음이 포개지는 만남이요, 그것을 통해 변화를 도모하는 상호작용이다. 따라서 교사의 존재가 그 안에 스며들 수밖에 없다. 저자는 자신이 걸어온 인생 여정을 돌아보면서 가르침의 씨앗이 되는 경험과 그것을 둘러싼 사회적 맥락을 섬세하게 짚어간다. 방황과 실패 속에서 얻은 배움이 아이들이 일깨우는 밑천이 되고 있음을 증언한다. 아울러 미국 교육을 둘러싼 정치 사회적 지형을 예리하게 통찰하면서 학교의 다른 모습을 상상한다. 이 책은 좌절과 낙담이 깊어가는 한국의 교육 현장을 비춰 보는 거울로서, 교학상장의 즐거운 역동을 소망하는 교사에게 용기를 북돋아줄 것이다.

– 김찬호(성공회대 초빙교수, 《모멸감》 저자)

교육은 아이 내면의 힘을 믿어주는 것

'선생님께는 배우지 않을 거예요'라는 급진적인 제목과 달리 이 책은 교육이, 현실 세계의 요구에 맞추도록 아이들을 준비시키는 일이라는 사실을 가볍게 여기지는 않는다. 읽기와 쓰기, 수와 셈, 경제와 사회, 역사와 문화를 이해하고 알아야 하며 무엇보다 직업, 혹은 생존을 위해 필요한 능력을 갖추어야 한다는 것에 동의한다. 문제는 오직 이 목적을 위해 모든 학생이, 모든 시간을 투자하도록 강제하는 것이다. 그러고도 성공한 학생보다는 실패하고 낙오해 자신감과 자존감을 잃은 학생이 더 많은 현실이다.

이 책에 실린 다섯 편의 에세이는 저자가 자기 경험을 바탕으로 쓴 것이다. 어린 시절 이른바 '문제아'이기도 했다는 저자는, 교사로서 문제아들에 주목하며 교사가 하기에 따라 이들

이 충만한 삶을 살아가는 데 필요한 역량을 기를 수 있음을 드러내 보인다. 그가 이 책을 통해 말하는 교육의 핵심은 학생이 지닌 내면의 힘을 믿어주는 것이다. 여기에는 학생 자신이 원하지 않거나 양심에 어긋나는 것을 배우지 않고 적응하지 않겠다는 학생의 의지를 존중하는 것까지를 포함한다. 가르침에서 가장 중요한 것은 아이가 자신의 가능성을 실험하고 더 넓은 세상에서 자신의 재능과 역할을 찾아낼 수 있도록 용기를 북돋우는 일이다. 교사는 학생과 더불어 내면의 힘, 혹은 꿈을 찾으러 길 떠나는 모험가다. 온갖 불리한 증거에도 불구하고 끝까지 희망을 버리지 않으며….

학생이, 자신을 신뢰해주는 교사와 더불어 꿈을 찾아가는 모험을 떠날 수 있다면 얼마나 신날까. 자신의 가르침에 힘입어 드디어 길 떠나는 아이를 지켜보는 교사는 또 얼마나 가슴이 두근거릴 것이며, 가르치는 일이 귀하게 여겨질까.

— 김종락(대안연구공동체 대표)

깨어 있는 시민 되기의 교육

이 책은 사회에 존재하는 차별과 권력의 불평등이 내포된 지식을 그대로 수용하는 대신 의식적인 '배우지 않기'를 통해 우리 모두 깨어 있는 시민이 될 수 있음을 보여준다. 저자는 자신의 사례를 들어 백인 남성으로서 인종차별과 성차별을 나타내는 언어에 대해 비판적 사고를 갖고 민감하게 반응하는 것이 생각만큼 쉽지 않은 일임을 보여준다. 그럼에도 차별 없는 세상을 위해 꼭 필요한 노력임을 강조하는 모습이 매우 인상적이다. 이 책은 정의롭고 평등한 세상을 위해 자신의 삶에서 고군분투하는 사람들에게 든든한 힘이 되어줄 것이다.

— 윤순경(교육학 박사, 《내가 달라져야 세상과 교육이 달라진다》 저자)

차례

이야기 하나 - 선생님께는 배우지 않을 거예요

이야기 둘 - 문신한 사나이: 어느 희망 전도사의 고백

추천의 글 하나

1995년 초판에 부쳐

밤새 《선생님께는 배우지 않을 거예요》를 읽고 이제 막 책을 내려놓은 참이다. 줄리어스 씨가 식당 별실에서 조카손자 허브에게 폴 로브슨의 음악을 들려주는 장면이 머릿속을 계속 맴돈다. 온기와 다정다감한 정서가 풍성하게 어우러진 이 책에서 명장면 중 하나로 꼽을 만한 대목이다.

이 책에는 놀라운 내용이 여럿 있는데, 허쉬E.D.Hirsch가 제기한 현안과 '정치적 올바름'에 얽힌 광기를 강력하게 반박하는 대목 또한 그 가운데 하나다. 물론 교사에게도 근 몇 년 내 출간된 교육 서적 중 가장 중요한 책으로, 그 가치는 이루 헤아릴 수 없다. (허브를 아는 사람들에게 이 책은 또 다른 의미가 있다. 삶의 향기, 열정과 열의, 한없이 연약하나 진실한 인간의 짓궂은 해학이 그 안에서 풍겨 나온다.) 그는 절망에 맞서 희망을 팔러 다니는 일을 자신의 소명으로 삼았다. 내가 보기에 이 일이야말로 근 이십 년 동안 그 어느 때보다 지금 더욱 절실한 과업이다. 이 책은 지혜와 다정함이 넘치며, 아이들에 대한 깊은 사랑으로 쓰였다. 나는 앞으로 힘이 필요할 때마다 이 책을 읽고 또 읽으려 한다.

조너선 코졸Jonathan Kozol

교사 허버트 콜의 꿈꾸는 교육

나는 허브 콜을 1966년에 만났다. 우리는 컬럼비아대학교의 교육 대학원에서 같은 연구실을 썼고 나는 로워이스트사이드에서, 그는 할렘에서 근무했다. 당시 우리는 교육과 학교를 통한 사회 변화의 가능성에 심취해 있었다. 학교는 이 사회의 모든 아이를 위해 움직여야 한다는 이상을 품고, 그것이 새로운 기회이면서도 쉽지 않은 도전이라는 사실 역시 인지하고 있었다.

이 책에서 그는 다시 한번 도전을 시도한다. 무엇보다도, 이 에세이집에서 허브가 교사로 자리하고 있다는 점이 중요하다. 각각의 에세이에서 그는 교실의 문을 열어 자신의 이성과 마음의 복도로 우리를 안내한다. 그는 가르침에 대해 배우고 그에 대해 가르치려면 자기 자신의 수업으로 되돌아가야 한다는 사실에 눈뜬다.

〈선생님께는 배우지 않을 거예요〉와 〈문신한 사나이〉, 〈창의적 부적응〉 편에서 우리는 허브가 학생과의 만남에서 자기 자신에 대해 배우는 모습을 보게 된다. 자신에 대해 배운다는 것은 (우리 대부분이 그렇듯이) 자기 안에 있는 '타자'를 인식한다는 의미이다. 그 자신 또한 경멸적인 취급을 받으며 자랐으므로, 허브는 학생들의 내면에도 이를 극복할 힘이 있다고 전제한다. 제도와 사회가 그 반대로 규정지으려 해도 그는 아랑곳하지 않는다. 실제로 타고난 문제를 안고 있는 학생이 소수라는 점을 감안하면, 학생에 대한 허브의 신념은 타당하다.

그러나 이에 상응한 행동의 대가를 보면 마음을 놓을 수 있는 구석이 없다. 자신을 드러내고 학생과 밀접한 관계를 맺을수록 당국의 눈 밖에 날 위험을 무릅써야 하고, 모든 아이를 이롭게 한다는 공교육의 약속에 부응하는 것이 교사의 일이라는 믿음을 구현해야 한다. 이를 위해서는 허브가 말하는 대로 "꿈꾸기"에 초점을 모으는 것이 관건이다. 그에게 있어 낙관주의는 교육학pedagogy에서 고수해야 할 근본 태도다. 다시 말해 희망은 자체의 힘에 불꽃을 점화할 강력한 엔진이다. 이것은 단순히 기대치를 높게 가진다는 의미가 아니다. 허브에게 있어 희망을 갖는다는 것은 함께하는 이들에게서 변화와 성장의 잠재력을 알아본다는 의미이다. 허브의 두드러진 재능은 학생을 볼 줄 아는 능력, 공공연하게 발현된 학생의 자아를 꿰뚫어 보는 통찰력이다. 그리고 사례를 거듭하면 할수록 통찰은 믿음, 즉 학생에게 배울 능력이 있다는 믿음으로 변한다.

허브는 이 에세이집에서 개인의 이력을 그 어느 때보다 깊숙이 드러낸다. 그는 자신이 접한 삶에서 개인이 정체성의 근원과 이어지려면 고유의 민족성으로 회귀해야 한다는 사실을 깨닫는다. 그러면서도 오로지 민족적 뿌리에만 매달리고 집착한다면 불러내 쓸모를 다할 수 없다는 점도 간파한다. 그러나 이런 이해가 무색할 정도로 교육 환경이 민족적 배경과 얽힌 경험에 중대한 영향을 받는 현실이 그의 눈에 들어온다. 게다가 그런 경험은 개인 차원에만 한정되지 않는다. 좋건 나쁘건 민족적 기원의 중요성에 대한 믿음은 허브가 말하는 "공교육을 위한 분투"에서 강력한 요인으로 작용한다.

마지막으로, 허브는 우리에게 두 가지 근본적인 질문을 상기시킨다. 하나는 단기적 관점의 질문이다. "자원과 사회적 목적의식, 공적 가치가 터널 끝에서 명멸하는 불빛처럼 희박한 시대에 우리는 어떻게 하면 관료화로 인한 낙인의 틈바구니에서

선생님께는 배우지 않을 거예요

살아남고 번영할 수 있는가?" 두 번째는 장기적 판단이 필요한 질문이다. "현 시스템을 양질의 학교교육, 효과적인 가르침, 사회적 학습에 있어 최고의 본보기로 찬양받는 방향으로 변화시키려면 어떻게 해야 하는가?"

많은 개혁안이 쏟아지고 있지만, 그 가운데서도 공교육의 민간 부분 이관과 영리 추구를 지향하는 안이 많다. 지금 우리는 이런 시대에 살고 있다. 자금은 정부로부터 충당하고, 교육에서 정부의 입김은 없애자는 주장이 때로는 공교육의 거대한 문제를 일소할 만큼 광범위하고도 유일한 해결책처럼 보이기도 한다. 이에 대해 허브는 사적 특권과 경제 논리가 공공의 목적을 대체하도록 내버려둔 결과를 조명하며, 상기한 시도를 포함해 관련된 여러 견해의 무모함에 경고를 보낸다. 영감으로 가득한 이 에세이집에서 허브 콜은 그와 내가 대학원에서 함께하던 시절 이 나라의 아이들에게 다짐한 약속, 즉 교육의 공평성으로 주의를 돌리게끔 이끈다. 이 약속은 오늘날에도 변함없이 강력하며 절박하다.

뉴월드 재단 총재
콜린 그리어 Colin Greer

저자 서문

가르침과 배움의 희망 메시지

배우지 않기not-learning, 희망 퍼뜨리기hopemongering, 창의적 부적응creative maladjustment. 요즘 나의 머릿속을 맴도는 말들이다. '배우지 않기'는 무언가를 배울 능력이 있음에도 의도적으로 배우지 않기로 결정을 내리는 것이다. 이를테면 탈세 수법이나 크랙 코카인 조제법 배우기를 거부하는 행위, 인종차별이나 성차별을 부추기는 주위의 압력에 동화되기를 거부하는 행위처럼 도덕적으로 문제가 있거나 양심에 거슬리는 행위를 배우지 않기로 결정하는 경우가 그렇다. '희망 퍼뜨리기'는 경험으로 드러난 모든 불리한 증거에도 불구하고 희망을 확신하며

선생님께는 배우지 않을 거예요

정의롭고 공평한 미래를 꿈꾸는 행위이다. '창의적 부적응'은 다른 사람이 원하는 대로 되지 않는 기술이자 어려운 시기에도 온정과 공감대를 유지하는 한편, 자기 긍정을 배우는 기술이다.

이 세 가지 개념에는 선택의 자유와 자유의지가 우리에게 있으며, 각자 자신의 됨됨이와 남을 대하는 방식에 책임이 있다는 근본적인 믿음이 전제되어 있다. 배우지 않기, 희망 퍼뜨리기, 창의적 부적응은 내 삶과 가르침의 지침이자, 때로 지키기 어려운 순간이 온다 해도 일상에서 꿋꿋하고 고집스럽게 견지해야 하는 원칙이다.

이 책에 수록된 에세이에는 꿈을 지키는 데 따르는 복잡한 이면에 얽힌 생각이 녹아 있다. 〈선생님께는 배우지 않을 거예요〉는 몇 해 전에 썼으나, 나는 그 안의 몇몇 이야기와 개념을 두고 이십 년 넘게 숙고해왔다. 그 개념들은 내 어린 시절과 교직 경험에 뿌리를 내리고 있다. 간혹 내가 겪은 일을 어떻게 말해야 할지 몰라 난감해하거나, 어떤 사건이 나의 이해력이나 소통 능력으로는 감당할 수 없을 만큼 압도적일 때도 있었다. 표제작에 담긴 아크미르의 이야기만 해도 나를 오랫동안 괴롭게 했다. 근래 들어 알고 지낸 학생들이 짧은 생을 살다간 아크미르와 똑같은 고통에 시달리지 않았다면 감히 쓸 엄두조차 내지 못했을 것이다.

〈문신한 사나이〉도 그에 못지않게 어려운 글이었다. 내가 공교육 교사가 된 이유, 그토록 많은 공립학교가 제 기능을 하지 못하는 상황을 겪고 나서도 여전히 교직을 이어가며 학교를 염려하는 이유와 관련된 글이기 때문이다. 이 글을 쓰면서 나는 내 어린 시절의 꿈과 판타지로, 뉴욕시 공립학교에 다니던 학생 시절로 되돌아갔다. 이 글은 그저 단순한 학교 이야기가 아니다. 마치 오래 전에 집을 떠난 사람이 다시 돌아와 지역사회에 헌신하게 된 사연, 어린 시절의 경험으로 천직을 찾는 과정, 도덕적 가치가 일상의 원칙으로 자리 잡는 과정이 담겨 있다. 이제껏 내가 써온 글 중에 가장 사적인 글이기도 하다.

공평성과 정치적 올바름에 대한 에세이는 우리가 아이와 배움에 대해 논하는 방식을 명확히 짚고, 낙인찍는 모든 행위에 맞서기 위해 지금도 진행 중인 내 노력의 일부이다. 사회·경제적 정의를 위한 부단한 투쟁에 사람들을 끌어들이고, 그 투쟁을 가르침과 배움의 맥락에서 조명하고자 했다.

마지막 에세이인 〈창의적 부적응〉은 공교육 안에 있으면서 그것을 변화시켜야 할 필요성에 대한 글이다. 몇몇 이야기를 들어, 고장 난 채 꿈쩍도 하지 않을 것만 같은 시스템 안에서도 긍정적인 변화를 일구어낼 수 있다는 것을 보여주고자 했다.

이 책에 실린 모든 에세이는 가르침과 배움에 관한 이야기이다. 이론에 가까운 주장을 담았고, 나 자신의 경험과 함께 일할 특권을 내게 안겨준 이들의 경험에서 나온 개념도 상세히 설명했다. 이를 하나로 모아본다면, 희망을 가르치고 독단적인 권위에 저항하며 자기의 배움을 주도하는 행위의 변치 않는 중요성을 분명히 보여줄 수 있을 거라 생각했다. 이 글들은 이토록 불온한 사회에 맞서 온당한 일을 하는 데 따르는 어려움과 보상을 공유하고 우리 모두의 이야기가 중요하다는 점을 확실히 밝히고자 하는 내 나름의 방식이다.

감사의 글

뉴 프레스New Press 출판사와의 작업은 나로서는 큰 기쁨이었다. 우선 안드레 쉬프린André Schiffrin의 한결같은 지지와 영감에 감사드린다. 편집자인 다이앤 왁텔Diane Wachtell이 이 책에 쏟은 지성과 끈기, 섬세한 작업에도 감사드린다. 맥스 고든Max Gordon과 아키코 타카노Akiko Takano를 비롯해 나에게 도움을 준 뉴 프레스 출판사의 모든 이에게도 고마움을 표하고 싶다. 책을 사랑하고 여러 사상에 마음 쓰는 출판사의 작업에 일조하게 되어 나로서는 큰 기쁨이었다.

이 에세이들의 초기 원고를 읽고 검토해준 마이크 로즈Mike Rose, 콜린 그리어Colin Greer, 리사 델피Lisa Delpit, 존 캐디John Caddy에게도 감사드린다. 그들의 친절한 조언과 비평은 마지막 원고를 다듬는 데 도움이 되었으며 좋은 영향을 주었다. 아울러 대리인인 웬디 웨일Wendy Weil이 나의 작업에 보내준 지원과 통찰에 감사드린다.

〈선생님께는 배우지 않을 거예요〉를 소책자 형식으로 펴낸 에밀리 버크월드Emily Buchwald와 밀크위드 에디션즈Milkweed Editions에, 정치적 올바름에 관한 초기 에세이를 펴낸 잭 자이프스Jack Zipes와 사자와 유니콘The Lion and the Unicorn(Johns Hopkins University Press)에, 공평성과 평등에 관한 초기 에세이를 펴낸 프랭크 피냐텔리Frank Pignatelli와 뱅크스트리트 교육대학 연감 2호(Corwin Press) 측에 감사드린다.

마지막으로, 나의 가족인 토냐, 에리카, 조쉬, 하루코, 그리고 아내 주디에게 고마운 마음을 전하고 싶다. 글을 쓰며 힘에 부칠 때마다 그들이 보내준 애정 어린 지지와 내 글을 읽고 비평하며 보여준 한결같은 지성과 감성 덕분에 책을 완성할 수 있었다.

이야기
하나

선생님께는
배우지 않을 거예요

배움을 거부하려는 의지가 있다

몇 년 전, 내가 가르치는 5학년 학생 한 명이 자기 할아버지인 윌프레도 씨가 영어를 배우려 하지 않는다고 하소연을 한 적이 있다. 그 아이 말로는 내가 무엇을 가르치려 하더라도 자기 할아버지는 귀를 꽉 막고 되려 나더러 스페인어로 말하라 떼를 쓸 게 빤하다는 것이었다. 실제로 내가 그 아이의 할아버지를 만나 스페인어를 써가며 영어를 좀 가르쳐드려도 되냐고 물었을 때 그는 배우지 않을 거라고 단호하게 말했다. 그는 자신까지 아이들과 영어로 말하면 자기 손주들도 다른 어른들처럼 모국어인 스페인어를 영영 배우지 못할까 걱정이라고 했다. 그러다 아이들이 자기 자신이 누구인지도 모르게 되지 않을까 하는 노파심을 내비쳤다. 그는 아이들이 부모의 말을 모르면 그 가족과 문화는 살아남을 수 없고, 결국 남들이 시키는 대로 배우다가 망하는 법이라며 자기 눈에 흙이 들어가도 영어를 배우는 일은 없을 것이라고 대화 내내 고집을 부렸다.

한번은 몇몇 친구들과 이 이야기를 논할 기회가 있었는데, 그들은 윌프레도 씨의 행동을 영어를 배우는 것에 대한 두려움 또는 배워도 실패하리라는 두려움을 감추려는 의도로 풀이했다. 그러나 이런 설명에는 자신과 손주들에게 마땅한 배움이 무엇인지 판단할 수 있는 윌프레도 씨의 능력에 대한 존중이 없었다. 실패의 원인을 윌프레도 씨에게 돌리고, 그의 가족이 스페인어를 모름으로 인해 겪게 될 손실은 인정하지 않은 채, 문화적으로 접근해야 할 문제를 개인의 심리 탓으로만 돌렸다. 배움을 거부하려는 의지를 배움의 실패로 변질시킨 것이다.

영어를 의식적으로 거부하는 윌프레도 씨의 행동에 대해 깊이 생각하다 보면 그의 결정에 크게 공감하게 된다. 나도 한때는 두 언어를 사용하는 가정에서 자랐다. 뉴욕 출생의 부모님과, 폴란드의 유대인 정착지 출신으로 이디시어(중부 및 동부 유

선생님께는 배우지 않을 거예요

럽 출신 유대인이 사용하는 언어로 유대인의 이주와 함께 서방 세계에
퍼졌다.-옮긴이)를 사용하는 조부모님이 한집에 살았다. 그래서
배우지 않기not-learning로 한 결정에 따르는 문제와 자기 문화의
소멸에 직면했을 때 드는 기분이 어떨지 안다. 게다가 30년 교
직 생활 동안 자발적으로 배우지 않는 행위를 접해왔다. 그 결
과, 배우지 않기가 배움의 실패나 무능력으로 오해받는 경우가
종종 있으며 그 결과는 끔찍하다는 사실을 알게 되었다.

　배우지 않기로 한다는 것은 지적으로나 사회적으로나 시험
대에 오르는 행위와 다름없어서, 능동적이고 영리하면서도 때
론 고집스럽게 거부해야 하는 상황도 생긴다. 무엇보다도 배움
을 거부하는 행위 못지않게 개선하려는 선의의 시도마저 뒤엎
을 때가 있다. 가르치는 내용을 배우지 않기로 한 학생들의 내
면을 내가 이해하게 된 것은 나 역시 배우지 않기로 한 경험이
있었고 그런 행위에 대한 통찰이 있었기 때문이다. 세월이 흐
르면서 나는 적대적인 사회의 틀을 거부하려는 그들의 움직임
에 공감하게 되었고, 갖가지 상황에서 발생한 배우지 않는 행
위들을 긍정적이고 건전한 것으로 인식하게 되었다.

　내가 가르친 학생들의 '배우지 않기'와 그 행동이 자존감과
정체성의 일부로서 복잡하게 발현되는 양상을 깊이 들여다보

기 전에, 어린 시절 내가 배우지 않기와 이를 통한 자기규정을 위해 감행한 모험을 나누고자 한다.

나는 왜 이디시어 배우기를 거부했나

나는 태어나면서부터 이디시어를 배울 수 있는 환경에 있었으면서도 이디시어를 할 수 없었다. 조부모님은 늘 이디시어로 말했고, 우리 가족은 내 생애 첫 17년 중 14년을 그분들의 아래층에 살았기 때문에, 내가 이디시어를 배우지 못한 원인을 그 언어에 노출되지 않은 것으로 돌릴 수는 없다. 아버지는 이디시어와 영어를 다 구사했고, 내게 이디시어를 가르치지 않겠다고 한 적은 결코 없었다. 그렇다고 이디시어를 배우도록 강요한 적도 없어서, 나에게는 이디시어 학습으로 인한 상처가 전혀 없다. 내가 이디시어를 배우지 않은 것은 어머니를 비롯한 외가 친척들을 존중해서였다. 그분들은 이디시어를 전혀 몰랐다. 이디시어를 배운다는 것은 어머니를 배제한 채 그 대화에 참여한다는 것이나 다름없었다. 그렇다고 내가 우리 조부모님과 그분들의 언어를 거부한 것은 아니었다. 어머니가 포함되지 않으면 그 대화에 나도 끼고 싶지 않았을 뿐이었다. 어머니와의 유대감 때문에 나는 이디시어를 배우지 않기로 한 것이었다.

선생님께는 배우지 않을 거예요

당시 학교를 제외한 거리와 집, 동네 가게 등 내 주변 어디에서나 이디시어가 들렸다. 내가 이디시어를 배우지 않기로 한다는 것은 그 말이 들리자마자 잊어버려야 한다는 것을 의미했다. 그 단어들이 내 머릿속에 달라붙기라도 하면 나는 그 소리에 어떤 의미도 연결 짓지 않기로 했다. 누군가 이디시어로 이야기하면, 나는 나직하게 영어로 중얼거리거나 들릴 듯 말 듯한 콧노래를 흥얼거렸다. 친척이 이디시어로 나를 맞이하면 나는 그럴 경우를 대비해 연습해두었다가 무슨 말인지 못 알아들었다는 표정을 짓곤 했다. 단어의 소리에만 집중하는 요령을 익혀 말하는 사람의 의미나 의도가 전달되지 않도록 막던 일도 기억난다. 그렇게 하면 말뜻을 이해하지 못해도 대화에서 풍겨 나오는 감정의 흐름을 이해하는 정도로 만족할 수 있었다. 보통 읽기를 시작하게 되면 특정 철자와 그 소리에 집중하기보다는 단어를 읽고 그 의미를 이해하는 식으로 배우게 되는데, 나는 그와 정반대로 행동했다. 실제로 나는 의미의 흔적을 지우기 위해 파닉스 기법(소리와 문자의 관계를 이해하고 그 원리를 통해 읽기 능력을 향상시키는 언어학습법-옮긴이)을 활용한 것이다.

이디시어를 배우지 않기로 한 이상 단어는 물론이고 관용구와 몸짓을 포함한 대화를 송두리째 무시해야만 했다. 조부모님이 계시는 2층에서는 생생하고 흥미로운 대화가 많이 오갔다. 어른들은 노조 활동에 대해 의견을 나누고, 가족 문제나 장차 유럽과 이스라엘에서 벌어질 일에 대한 이야기도 나누었다. 이 디시어 신문인 〈데일리 포워드_Daily Forward_〉에 실린 기사나 시내의 이디시 극장에서 열리는 연극을 두고 토론을 벌이기도 했다. 그들의 대화에서는 모두가 시인이었고 저마다 나름의 의견이 있었다. 나는 그들의 손짓과 표정을 읽으며 방안에서 오가는 여러 지식과 의견이 과연 무엇일지 짐작해보곤 했다. 대화에 그런 식으로 끼어본 적이 많은데, 그것은 흡사 열네 살 때 이탈리아 오페라를 봤을 때와 비슷한 경험이었다. 당시 나는 오페라의 줄거리와 등장인물을 감으로 파악해서 극의 흐름과 인물 간의 상황을 따라잡을 수는 있었으나, 오가는 대사 속에 무슨 일이 벌어지는지 구체적으로 알 수는 없었다. 아버지와 삼촌들, 할머니를 따라 영어 자막이 딸린 외국 영화를 감상했을 때도 그와 다르지 않아서, 나는 영화를 보다가 이해가 안되는 장면이 나올 때마다 무슨 상황인지 묻곤 했다. 당시 나는 이렇게 일부 지식만 아는 정도로 만족했으나, 지금 생각해보면 친가 쪽 언어를 배울 기회와 그로 인해 향유할 수 있는 문화를 놓쳤다는 생각에 참으로 애석할 따름이다.

무언가를 의도적으로 배우지 않기로 마음먹으면 자신의 일부를 고립시키고, 그로 인해 경험의 폭이 제한되는 일도 감수해야 한다. 고개 드는 관심을 억누르며 바보 노릇을 해야 하고, 생각이 뒤죽박죽되어도 감내해야 하며, 호기심도 묵살해야 한다. 그런 경험을 외면해서 오는 득실차가 적절한지는 가늠하기 쉽지 않다. 내가 이디시어를 배우지 않아서 얼마나 득이 되었고, 얼마나 손해가 되었는지는 아직도 판단하기 어렵다. 비록 내 삶을 살찌웠을 언어는 잃었을지 모르나, 교사의 입장에서 돌이켜보면 배우지 않기로 한 학생의 심리를 이해하는 데 이 경험이 매우 유효적절했기 때문이다.

'배우지 않기'에는 어떤 경험을 자진해서 거부하는 일이 따르기 마련이어서, 그로 인해 마치 실패로 보일 수도 있는 결과를 초래하기도 한다. 예를 들어 어떤 아이들에게 있어서는 배움을 거부하는 행위가 그 중요성에도 불구하고 간과될 경우, 읽기를 배우지 않으려는 행위가 읽기를 배우는 데 실패한 것으로 오해를 받을 소지가 있다. 열한 살 무렵 내가 이디시어로도 모자라 히브리어까지 배우지 않기로 하면서 겪은 일이 바로 그런 경우에 해당한다. 유대인은 장차 바르미츠바bar mitzvah(유대교에서 13세가 된 소년이 치르는 성인식-옮긴이)를 치르면서 회중 앞에서 토라(구약 성서의 모세 5경으로서 유대인의 율법서—옮긴이)를 크게 읊어야 하기 때문에, 부모님은 나를 히브리어 학교인 케이다chedar에 보내 토라를 배우도록 했다. 우리 가족은 신앙심이 깊지 않았다. 유대교 사원에 속하기는 했지만, 속죄일인 욤키푸르Yom Kippur에 의식을 치를 때만 참석했다. 내가 히브리어 학교에 다닌 이유는 히브리어를 배우기 위해서가 아니라 바르미츠바에서 토라를 암송하지 못해 부모님의 체면이 구겨지는 상황을 피하고 싶었기 때문이다. 당시 나는 히브리어를 배우지 않으면 거기에 쏟아야 할 수고를 덜고 과학 공부나 연습 삼아 해보던 글쓰기에 투자할 수 있으리라 생각했다. 그리하여 꼬박 2년 동안 이디시어를 배우지 않은 요령을 히브리어를 배우지 않는 데에도 적용했다. 나는 매일 읽는 기도서인 마조르Mahzor를 내 식으로 발음하고 암송할 수 있었다. 나는 랍비가 유대인의 의로움과 역사적 사명에 대해 읊조리는 소리를 들으면 냉소를 띠며 잠자코 있었다.

그러나 오만과 고집이 빚어낸 배우지 않기는 결국 큰 망신으로 이어졌다. 어느 날, 랍비는 우리에게 히브리어 필기시험을 냈다. 나는 히브리어를 단 한 단어도 영어로 풀이할 수 없었고 시험지 전체를 풀기란 더 말할 것도 없었으니 시험을 통과할

　　　　　　선생님께는 배우지 않을 거예요

가능성은 없었다. 자존심은 또 너무 강해서 차마 랍비에게 시험을 치르지 못하겠다는 말은 못 하고, 결국 친구인 로니와 공모하여 그의 답을 베끼기로 했다. 나에게 히브리어 학교에서의 부정행위는 도덕적인 문제가 아니라 체면이 걸린 일이었다. 로니도 나와 같은 고민을 하고 있어, 매일 밤 수업내용을 확인하는 아버지만 아니라면 자기도 히브리어를 배우지 않으려 했을 것이라 말했다.

나는 로니의 시험지를 통째로 베껴냈으니 틀림없이 A를 받으리라 확신했지만, 되지도 않는 히브리어를 아무렇게 쓰느니만 못한 결과가 나오고 말았다. 랍비는 로니와 내 것만 빼고 모든 시험지를 돌려주었다. 그러고 나서 학급 전체에 주목하라고 하더니, 로니를 특별히 칭찬해야겠다고 말했다. 로니가 자기 시험지에 A를 받은 것으로도 모자라 A를 받은 시험지를 두 장 냈다며 자기도 이렇게 잘한 학생은 처음 본다고 말했다. 반면 허버트는 시험지를 아예 내지도 않았는데 이것은 시험을 못 본 것보다 더 나쁜 짓이라고 덧붙였다. 나는 로니의 시험지를 꼼꼼하게 베낀 나머지 "당신의 이름은 무엇입니까?"라는 히브리어 질문에도 로니의 히브리어 이름을 그대로 베껴 쓴 모양이었다. 나는 친구들이 보는 앞에서 톡톡히 망신을 당했다. 히브리어를 배우지 않고도 그 대가를 모면하려던 내 오만은 매우 어리석기 짝이 없었다.

하지만 나는 이날의 수모를 가슴속에 새겨두었다가, 교사가 되어서는 어느 학생에게도 모욕감을 주지 않으리라 마음먹었다. 또한, 명백히 실패로 보이는 상황이라도 그 복잡한 배경을 잘 파악하여 긍정적인 학습의 장으로 변화시키자고 다짐했다. 이디시어와 히브리어를 배우지 않기로 한 경험은 배우지 않기와 배움에 실패한 것의 차이를 이해하는 감수성에도 큰 영향을 끼쳤다. 실패는 알고자 하는 의지가 있어도 충족되지 못하는 반면, 배우지 않기는 앎을 거부하려는 의지에서 나온다는 점에서 차이가 있다. 실패는 배우는 사람이 원하는 것과 그 능력 사이의 불일치에서 온다. 실패의 원인은 개인과 사회, 문화적 차원에서 찾을 수 있지만 어떤 경우에라도 자신감의 상실을 초래하기 마련이며, 열등감과 무능감을 동반한다. 그러나 배우지 않기는 전혀 다른 효과를 낳는다. 의지를 세우고 자신을 명확하게 규정하도록 하며, 자기훈련을 강화하고 내적 만족을 일으킨다. 그 과정에서 기득권층이 용인하는 방식의 사회화를 거부하거나 저항하면 곤란한 상황에 직면할 수도 있다.

배우지 않기는 피치 못할 상황에 직면하여 개인의 성실함과 진실성, 정체성, 가족에 대한 헌신 등이 시험대에 오를 때 발현하는 경우가 많다. 그런 상황이 닥치면 어쩔 수 없이 선택을 해야 하며, 이도 저도 아닌 타협의 여지는 없다. 자신의 진실성을 존중해주지 않는 외부인에게 배우기로 동의하면 자아의 상실이라는 큰 피해를 초래할 수 있다. 이런 상황에서 유일한 대안은 배우지 않는 것, 외부인의 세계관을 거부하는 것이다.

오랜 교직 생활 동안 나는 다양한 기술과 지식, 태도와 견해, 가치를 배우지 않기로 한 아이들을 봐왔다. 나도 처음에는 배우지 않기와 실패를 혼동했다. 가르치는 반에 읽기가 크게 '뒤처진' 아이들이 있으면 그 아이들이 읽기를 깨치는 데 실패했다고 판단했다. 그에 따라 그들을 대상으로 한 읽기 프로그램, 교사를 포함한 권위 인물과의 관계, 그들이 처한 사회·경제적 조건 등에서 실패의 원인을 찾았다. 그들이 글을 보면 앞이 캄캄해진다거나, 실수를 하더라도 어떻게 고쳐야 할지 모른다거나, 문제 있는 가르침의 희생양일 것이라고 생각했다. 내가 연구한 바로는 학생 언어와 학교 언어 간의 부조화, 학생의 경험과 교사나 교재가 전제한 경험 간의 불일치도 실패의 또 다른 원인이었다. 나는 아이들이 노력했음에도 실패한 것이라고 넘겨짚었다. 이따금 이러한 내 진단이 맞는 경우도 있었는데, 이런 경우 아이들이 오류를 범하지 않고 실패 없이 배울 수 있는 전략을 찾기가 쉬웠다. 그러나 의심의 여지없이 똑똑한 아이가 읽기 또는 다른 학교 수업과 관련해서 성공이나 실패로 판단할 수 없는 상황에 직면하는 경우 또한 많이 보았다. 그 아이들은 배움을 강요하거나 꼬드기는 시스템의 바깥쪽에 의식적으로 자리 잡고는, 실패를 조장하는 행태에 딴지를 걸거나 배우지 않으려고 머리를 굴리는 일에 모든 시간과 에너지를 쏟아부었다. 그들은 결연하게 권위에 맞섰는데, 그들이 지키고자 한 것은 다름 아닌 그들 자신의 명예와 진실성이었다. 그들 대부분은 자신이 실패자라거나 성공한 학생보다 열등하다는 학교의 판단에 동의하지 않았고, 배우고 싶어도 능력이 부족해 상처 입고는 자기 존재를 부정하는 학생들과 자신을 쉽게 구별했다.

읽기를 거부한 배리: 체면 지키기

배리라는 이름의 학생이 떠오른다. 그 아이는 1970년대 버클리에서 내가 가르쳤던 유치원·1학년 통합 학급에 있었다. 그 아이는 전 담임에게 비협조적이고 반항적이며 '2학년 충족 조건에 미흡'하다는 이유로 유급되었다. 마침 내가 담당한 반이 혼합연령 학급이었고, 교장은 내가 잘 지도해 학년 말까지는 같은 나이의 아이들을 따라잡을 것이라 기대하며 배리를 내 반으로 보냈다. 배리는 자신감이 넘치고 허세를 부리기도 했으나 무례하지는 않았다. 반에서 하는 말을 들어보면 매우 세심하면서도 똑똑한 아이임이 분명했다. 다른 아이들은 배리를 반에서 가장 싸움을 잘하고 운동도 잘하며, 재미있는 이야기를 능청스럽게 잘하는 아이로 대했다.

개학 첫 주에 우리 반 아이 하나가 전 담임이 배리를 두려워했었다는 정보를 주었다. 나는 백인 교사들이 아프리카계 미국인* 어린이들을 마치 마약을 하고 덩치가 크며 위험한 십대인 양 취급하는 경우를 많이 보아왔다. 배리는 그런 인종차별적 편견의 희생양이었다. 들리는 얘기로 배리는 학교생활 중 자유를 만끽하듯 복도를 내키는 대로 어슬렁거리거나 모둠 활동을 거부하고, 학업과 관련된 낌새가 보이면 무엇이든 회피하려 했다고 한다. 그 결과 다른 아이들보다 뒤처지고 2학년 진급도 하지 못했다는 것이다.

내가 처음 자리에 앉아 같이 책을 읽자고 했을 때, 배리는 생떼를 쓰며 온갖 험담을 내뱉었다. 결국 우리는 책에 가까지 가

---

* 아프리카계 미국인(African-American): 피부색의 의미가 포함된 말은 차별로 비칠 수 있으므로 미국에서는 우리가 흔히 쓰는 흑인(Black)이란 단어보다는 아프리카계 미국인이라는 단어를 자주 쓴다. 본서에서도 원문의 표현에 충실하게 표기한다.—옮긴이

지도 못했다. 나는 아이의 읽기 문제가 아니라 행동을 먼저 헤아려야 했다. 아이의 읽기 능력 수준이나 읽기의 원리에 대한 지식을 파악할 도리가 없었다. 나는 몇 번 더 읽히려 시도하면서 아이가 내게 보이는 반응을 유심히 살폈다. 짜증낼 구실을 그때 그때 꾸며내는 걸 보면 읽지 않으려는 작전이 분명했다. 배리는 글자가 보일 만큼 책에 가까이 간 적이 없기 때문에 읽기를 배우지 못하는 상태였다.

이런 반응은 배리가 원하던 효과를 냈다. 혼자 방치되고, 다른 아이들이 눈치 챌 만큼 교사들이 꺼리는 아이가 되었다. 장래를 생각하면 참 딱한 상황이었지만, 읽지 않는 행동으로 유치원 아이답지 않은 능력을 과시하는 데에는 효과적이었다. 교사로서 나의 목표는 이 아이가 읽기를 거부하는 것보다 읽는 모습을 보여주는 편이 자기 능력을 더욱 과시할 수 있다고 느끼게끔 하는 것이었다.

나는 배리의 역량을 키울 전략을 고안하되 교정 수업은 아예 염두에 두지도 않았다. 배리가 읽는 법을 배우기로 마음을 내기만 한다면 잘 읽게 되리라는 확신도 들었다. 전략은 간단했으나 어느 정도는 위험을 각오해야 했다. 배리를 억지로라도 나와 함께 읽도록 만들면서, 나머지 반 아이들에게는 배리가

선생님께는 배우지 않을 거예요

사실은 잘 읽을 수 있으며 과거의 저항은 그가 주도한 게임이었던 것처럼 보이게 할 계획이었다. 예전의 실패는 우리 모두를 놀리려고 한 장난이었다는 듯이 배리가 나를 무안하게 만들고, 스스로도 몰랐던 읽기 능력을 학급 전체에 드러내도록 하는 일이 관건이었다.

나도 드라마를 연출하기 위해 준비를 했다. 어느 월요일 오후, 나는 배리에게 함께 책을 읽자고 했다. 다른 아이들은 모두 자연스럽게 하던 일을 멈추고 앞으로 벌어질 일에 촉각을 곤두세웠다. 아이들은 배리가 이번에도 읽지 않고 버틸 수 있을지 확인하고 싶어 했다. 배리는 나를 쳐다보더니 몸을 돌리고 외면했다. 나는 책을 집어 그에게 다가가 점잖지만 단호하게 의자에 앉히고 곁에 앉았다. 배리가 짜증을 내서 상황을 수습하기 어려워지기 전에, 나는 책장을 열며 말했다. "여기가 네가 읽어야 할 부분이야. 이렇게 적혀 있구나. '이것은 벌레(bug)입니다. 이것은 주전자(jug)입니다. 이것은 주전자 안의 벌레입니다.' 이제 그걸 나한테 읽어보렴." 배리는 몸을 비비 꼬다가 이내 손으로 눈을 덮었다. 책을 훔쳐보던 배리가 영리한 미소를 지어 보였는데, 그 모습을 본 사람은 나밖에 없었다. 나는 배리에게 답을 알려주었고, 자기도 읽을 줄 안다는 사실을 나와 반 전체에 보여주려면 정확히 무엇을 해야 하는지 일러준 셈이다. 선택은 배리의 몫이었다. 배우지 않기라는 게임을 계속 이어나갈지, 체면을 살려주려는 나의 선물을 받아들여 읽는 법을 깨우칠 기회를 잡을지는 배리에게 달려 있었다. 나는 배리의 체면을 깎지 않고도 나와 더불어 가르침과 배움의 관계에 발을 내디딜 가능성을 열어주었고, 배리는 다행히도 그 선물을 받아들였다. 배리는 중얼거리듯이 말했다. "이것은 벌레입니다. 이것은 주전자입니다. 이것은 주전자 안의 벌레입니다." 그러고 나서 책을 바닥에 툭 내려놓고는 나머지 아이들에게 돌아서며 으스대며 말했다. "봤냐. 나도 어떻게 읽는지 이미 알고 있었다고."

그렇게 의식을 치르는 듯한 기 싸움이 한 주 내내 이어졌고, 다음 주로 들어서자 배리도 이런 게임은 이제 필요 없으며, 철자와 소리, 단어와 의미의 관계를 어렴풋이 이해하면서 줄다리기도 서서히 잦아들기 시작했다. 오래 지나지 않아, 읽기는 배리의 교실 활동 중 그저 한 가지에 불과할 정도로 자연스러워졌다. 나는 특별한 교정 수업이나 보충 수업을 하지도 않았고, 그를 읽기에 실패한 아이로 낙인찍지도 않았다. 단지 배우지 않기로 한 배리의 선택을 인정하고 약간의 속임수를 부려 그에게 다가갈 수 있었다. 그러나 배리가 마음을 내지 않는 한, 읽는 법을 억지로 배우게 한들 소용없었을 것이다. 이 점이 매우 중요한 교훈이었다. 그 일로 나는 배움에서 의지와 선택의 근본적인 역할을 이해하게 되었고, 사람들이 내리는 선택에는 스스로 자기 삶과 정체성을 형성해온 맥락이 있으므로 이에 따라 배움을 대하는 그들의 입장도 고려해야 함을 깨달았다.

대수학을 거부한 릭: 권위에 대한 도전

그동안 나는 학교와 사회, 가정이 가르치는 것을 적극적으로 배우지 않으려 하는 아이들을 많이 만났다. 그 아이들 모두가 배우지 않기로 한 자신의 선택에 따른 잠재적 피해를 입었다고 볼 수는 없다. 어떤 아이들에게 배우지 않기란 광기나 완전한 절망으로 추락하지 않고 사회의 변두리에서나마 제 기능을 하기 위한 전략이었다. 그 아이들은 작지만 안전한 세상을 만들어 그 안에서 가족과 사회로부터 받은 거부감을 누그러뜨릴 수 있었다. 배우지 않기는 그들이 자기 삶을 제어하고 힘든 시기를 견뎌내는 데 긍정적인 역할을 했다. 최근에 나는 초등학생 시절부터 알고 지낸 청년을 우연히 만났다. 그는 배우지 않기의 달인으로 성장했으며 그 기술을 예술가의 삶으로 승화시키고 있었다. 열아홉 살인 릭은 중산층 삶의 전형적인 가치를 거부하며 살고 있다. 그는 시를 통해 근면과 순종, 애국심과 충성, 부와 같은 경건한 가치를 꼬집고 비판한다. 초등학교 시절 익혔던 배우지 않기의 기술을 연마하여 중학교에서는 그 기술을 능숙하게 구사했다. 배우지 않기를 실천하는 사람으로서 릭은 논리정연하고 자의식이 강하며, 자신이 이룬 과업을 명확히 드러낼 줄 안다. 릭은 배우지 않기의 경험 가운데 가장 어려웠던 것으로 기초 대수학을 꼽았는데 그는 이 과목에서 세 번 낙제했다. 릭은 수학에 이해가 매우 빠른 편이어서 그가 대수학을 배우지 못할 지적인 이유는 없었다.

릭이 대수학 배우기를 거부한 것은 지능이 아닌 정서적인 이유 때문이었는데, 이 부분에서 배우지 않기로 한 결정과 배우는 능력이 부족한 경우의 차이를 구분하는 것이 매우 중요하다. 그의 정신세계나 집중력, 추상적 개념을 처리하는 능력에는 전혀 문제가 없었다. 그는 읽을 줄 알았고, 자기가 선택한 책은 곧잘 읽었다. 복잡한 건축 프로젝트와 과학 실험을 어떻게 하는지도 알았다. 스포츠 통계와 승률 문제는 놀이하듯 즐겼다. 다만 그는 다른 학생과 경쟁하며 시험을 치르고 측정 받는다는 개념을 거부했을 뿐이고, 어쩔 수 없이 학교는 다니지만 그로 하여금 억지로 성적을 내도록 할 도리는 없었다. 그는 배우기를 거부하여 부모와 교사의 지배에서 벗어날 힘을 얻었다. 그는 자유롭고 자율적인 개인으로서 배우지 않기로 한 것이며 부모와 학교 당국은 그의 결정에 어찌할 바를 몰랐다.

부모나 학교 당국이 삶과 배움에 있어 한 가지 방식에만 집착하는 경향을 보면 흥미롭다. 요구에 따르기를 거부하는 아이를 체제의 커다란 위험으로 취급한다. 전문가를 동원하고, 복잡한 개인사와 가정사를 들먹여서 원인을 만들어내며, 특수 프로그램을 적용하면서까지 변화를 거부하고, 다른 점의 수용을 막아 체제를 지키려고 한다. 그렇게 되면 릭과 같은 사람들은 보잘것없는 일만 떠맡게 되고 너무도 쉽게 소외된 삶으로 내몰리게 된다.

릭은 복잡한 수학적 관계를 추상적으로 표현하는 것에 체스만큼이나 재미를 느꼈기 때문에, 대수학을 배우지 않기로 한 결정은 흥미진진한 도전이었다고 말했다. 릭은 일부러 낙제하려고 방정식을 기호 단위로 해체하는 교묘한 방법을 만들어냈는데, 마치 방정식을 수학과 연관 없는 표시처럼 다루어 시각적 도안처럼 보이도록 했다. 예를 들어, 등호를 끼고 단계적으로 풀어나가는 방정식 문제의 경우, $3a + 2b = 12a-32$ 같은 문제를 =, 2b=12, +2b=12a, a+2b=12a- 같은 순으로 풀어나갔다. 그는 이따금 그 순서를 외우기까지 했다.

교사가 무얼 하느냐고 물으면 릭은 자기의 풀이방식을 또박또박 설명했다. 이는 그냥 모르겠다고 대답할 때보다 교사의 화를 더욱 돋우었다.

권위에 대한 그의 도전은 순수한 의도와 숙고 끝에 나온 것이며, 그 기저에는 가족사에 얽힌 불편한 경험에 대한 고찰이 있었다. 그의 거부에는 세상에 대한 두려움과 개인적 불안도 반영되어 있다. 그는 사람들이 서로 헐뜯지 않으며 최소한의 소유로 살고, 함께하는 삶과 자신의 창조적 능력을 낙으로 삼아야 한다고 믿고 있었다. 음악인이 된 릭은 아나키스트로서 자신의 신념에 충실하게 살고 있다. 학교와 집을 떠나 밴드 멤버 및 몇몇 친구들과 모여 공동체를 이루고 있다. 그들은 예술 활동 외에도 제도의 통제로부터 벗어나 자유롭게 살며, 탐욕과 경쟁으로 찢긴 세상에 평화와 이성을 복구하고자 하는 큰 뜻을 품고 있다.

릭은 이 철학을 고수하며 그의 신념에 어긋나는 것들은 배우지 않기로 하며 살아왔다고 했다. 그중에는 극단적으로 보이는 면도 있지만, 사회 관습에 맞지 않을지는 몰라도 타인에게 해

선생님께는 배우지 않을 거예요

가 되거나 지구를 다치게 하는 것은 없다. 예를 들어, 그는 구두를 신지 않기로 하면서 식당이나 극장처럼 구두를 신어야 하는 곳에도 입장할 수 있도록 여러 가지 전략을 세웠다. 릭은 단순히 구두 신기를 거부하는 행위와 구두 신기를 배우지 않는 행위를 구분한다. 구두를 신어야 한다는 요구에 대해 릭이 적대감을 전혀 품지 않는다는 점에서 그 차이가 명확히 드러난다. 그는 미안해하면서 자신은 구두를 신을 수 없다고 응수한다. 주위의 압력에도 불구하고 구두를 신지 않는 행동을 관철시키면서, 이것이 릭에게는 더 이상 문제되지 않으며 단순히 구두 신기를 거부했을 때 나오는 반항적인 태도에 관한 논란도 피해갈 수 있었다.

릭은 자신의 행동을 남에게 인정받거나 거부당하길 바라지 않는다. 자신이 원하는 대로 지낼 수 있으면 충분하다고 생각한다. 그는 사회의 방식을 어느 선까지 따르고 따르지 않을지, 무엇을 배우고 무엇을 배우지 않을지 선택하며 지내왔다. 우리 사회에 만연한 소비만능주의와 오만한 사치풍조에 대한 그의 반박은 설득력 있다. 그의 삶의 방식 중에는 일반적인 기준보다 건전하고 분별 있는 측면도 있다. 그러나 안타깝게도 사회에서 순응을 표방하는 기관의 대변자들은 순응하지 않기로 한 릭의 선택에 분개한다. 그들은 릭을 분류하고 낙인찍으며, 심지어 수용시설에 가두어 벌주려고 한다. 릭은 그들이 자신을 규정한 방식에 따라 행동하기를 거부한다. 따라서 분별력을 잃거나 범죄의 길로 이끄는 배움을 하지 않을 것이며, 그의 경험을 무시한 채 그에게 낙인을 찍으려는 이들의 권한을 순순히 인정하고, 대신 자신의 자율성과 이성을 포기하지 않을 것이라고 선언한다. 나는 릭이 장래에 어떻게 될지 모른다. 그가 겪는 거부로 인해 결국 지치고 난폭해지거나 괴팍해질까 염려스럽기도 하다.

그때 배웠더라면

어쩌면 그가 배우지 않기로 했던 일들을 '그냥 배웠더라면' 하고 아쉬워하는 날이 오게 될지도 모른다. 나도 그런 적이 있었다. 1954년 9월, 나는 브롱크스를 떠나 하버드에 입학해 처음으로 개신교도를 만났다. 그때 나는 히브리어를 할 수 있었으면 하고 아쉬워했다. 브롱크스의 우리 동네와 내가 다니던 브롱크스 과학고에서는 나 자신을 소수 민족이나 소수 인종이라고 생각해본 적이 없었다. 동네와 학교 사람 대부분이 유대인이었기 때문이다. 순진해서 그런 것은 아니었다. 나는 유대

선생님께는 배우지 않을 거예요

인이 박해받았으며 한때 미국에서도 거절당하고 경멸의 대상으로 여겨졌다는 사실을 알고 있었다. 그러나 나는 매일 유대인들과 살며 유대인이 다니는 학교에 다니고 대체로 동질적인 유대인 사회에 속해 있었다. 우리 이웃에는 유대인 말고도 이탈리아인과 아일랜드인 그리고 드문드문 아프리카계 미국인과 푸에르토리코인도 있었다. 고등학교에서 유대인을 제외하면 아프리카계 미국인과 아일랜드 혹은 이탈리아 출신의 친구들은 몇 안 되었다. 때문에 나는 하버드에 가기 전까지만 해도 다수의 일원으로 지내는 생활에 익숙했고, 주도권을 쥔 다수집단을 소수집단이 일상적으로 접촉하면서 갖추게 되는 신중함과 의혹, 자의식 없이 처신하고 지냈다.

하버드에 가서야 세상은 내가 자란 곳과는 전혀 다르다는 사실을 곧 깨달았다. 백인 개신교 남학생이 신입생 기숙사를 주름잡았을 뿐만 아니라(당시만 해도 하버드는 남자들만 다녔다. 여학생은 1969년에 처음 입학했다.) 유대인에 노동자 계급이라는 나의 출신 배경을 화제로 삼으며 자기들의 주도권을 향유한다는 기분이 들었다. 그들 딴에는 호의에서 나온 행동이었을지 모르겠지만, 적어도 나는 그런 식으로 받아들일 수 없었다. 밤새도록 잡담이 이어질 때면 브롱크스, 유대교, 우리 가족의 생활방식 등에 대한 질문이 이어졌는데, 그들의 배경을 묻는 나의 질문은 배제되는 듯했다. 그들이 곧 기준이었고, 나는 호기심의 대상일 뿐이었다. 같은 층에 사는 어느 학생은 현대 프로테스탄트 사상을 접하면 교양도 쌓을 수 있고 유용하다며 교내 예배당에서 열리는 라인홀트 니부어Reinhold Niebuhr(미국의 신학자이자 윤리학자. 기독교계를 초월해 정치계에까지 큰 영향을 끼쳤다.–옮긴이)의 설교를 들으러 가자고 다그치기도 했다. 신약성서를 알아야 교양인이라며 읽으라고 재촉하는 사람도 있었다.(유대교에서는 구약성서만 인정한다.–옮긴이) 명문 사립고 출신만 알 수 있는, 나는 전혀 들어보지도 못한 사람이나 장소에 관한 대화 속에서 이방인처럼 소외감을 느꼈던 기억도 난다. 나의 고민은 몇몇 유대인 학생들로 인해 더욱 깊어졌다. 그들 역시 일상에서 소수 민족으로 취급받는 현실을 깨달았으나 유대인 문화를 과격하게 고수하는 식으로 대응했다. 그들은 나에게 스트레스를 줄이고 싶거든 유대인 학생회인 힐렐Hillel에 가입하라고 압력을 넣었다. 그러나 그런 조직의 실상은 고립을 자처하는 유대인 환경에 안주함으로써 다수 세력의 일원이라는 미혹의 여지를 남길 뿐이었다.

나는 소수도 다수도 아닌 나 자신이고 싶었고, 동화되라는 압력도 이탈하라는 압력도 거부하고자 했다. 그 둘 사이의 가느다란 경계선을 혼자 밟아나가기는 어려웠고, 나 자신을 포기하지 않으면서 하버드가 주는 모든 배움을 얻고자 하는 소망을 터놓고 이야기할 사람은 아무도 없었다. 그래서인지 그 시절 나는 조부모님 생각에 사무쳤다. 조부모님은 동유럽에서 독일과 영국을 거쳐 미국으로 왔다. 당신들은 동화되려 하지 않았으며, 폐쇄적인 종교적 교리에 기대지도 않았다. 할아버지는 만민과 문화의 대화합이라는 사회주의적 이상을 고수했고 당시 내가 직면했던 문제에 대해서도 분명 고민하셨을 것이다. 할아버지와 가까이 대화하며 당신의 사상에 눈뜨고, 당신의 경험에 대한 견해를 배우고, 지혜의 말씀을 노래나 번역이 아닌 참뜻 그대로 들을 수 있었다면 얼마나 좋았을까. 이디시어를 할 수 있었다면 좋았으련만, 일부러 배우기를 거부한 나 자신에게 화가 났다. 나는 이디시어를 배우지 않았기 때문에 얻지 못한 것이 있음을 비로소 깨달았으나, 돌이키기에는 너무 늦은 후였다. 내가 귀 기울여야 했던, 정체성에 대해 사색할 때 불러와야 했던 그 음성은 나를 위해 존재하지 않았다. 나는 비틀거리면서도 처음에는 책을 통해, 점차 여행과 벗을 통해 내 고유의 정체성을 잃지 않고도 계급과 문화의 경계를 넘나들 수 있도록 깨우쳐준 음성과 사람들을 발견해나갔다. 할아버지의 언어를 알았더라면 그리 오래 걸리지 않았을 과정이었겠지만, 나는 그러지 못했으므로 이러한 깨달음을 얻기까지 긴 시간과 고통스러운 여정이 필요했다.

역사수업을 거부한 아크미르: 편견과 차별에의 저항

아크미르, 그의 생애 마지막 3년 동안 교류할 수 있는 영광을 안겨준 이 젊은 아프리카계 미국인은 나보다 현명했다. 그는 자신의 문화를 배우고 유지하기 위해 분투했으며, 어쩔 수 없이 다녀야 했던 학교의 인종차별을 극복하고 자신의 뿌리를 배우려 노력했다. 학교에 다닐 때, 그는 배우지 않기를 뜨겁게 실천했다. 그가 중학교 시절 사회 수업을 어떻게 버텨냈는지 이야기하던 모습이 떠오른다. 그는 사회 과목을 단지 배우지 않는 차원을 넘어 교사와 교재의 신뢰성을 파괴하려 적극적으로 노력했다. 아크미르는 이슬람 국가the Nation of Islam(아프리카계 미국인 이슬람교도로 구성된 단체로 블랙 무슬림Black Muslim이라고도 불렸다. 맬컴 엑스와 무하마드 알리도 이 조직의 일원이었다. 이슬람 수니파 무장 단체인 IS(Islamic State)와는 다르다.-옮긴이)의 분파인 적극적 분리주의 단체 소속이었다. 그들은 백인은 사악하므로 뿌리째 뽑아야 한다는 '진실'을 이해한 7퍼센트 아프리카계 미국인에 자신들이 속한다고 믿었다. 그들의 목표 중에는 할렘에서 모든 백인을 몰아내는 것도 있었다.

아크미르가 백인에게 차별당하며 겪은 경험으로 보면 그 7퍼센트의 분석을 반박할 만한 근거는 거의 없었다. 아크미르가 고등학교에서 만난 어느 역사 교사는 그런 견해에 딱 들어맞는 인물이었다. 그는 자신이 가르치는 아프리카계 미국인과 푸에르토리코인이 멍청하고 게으르며 복잡한 개념을 이해할 능력이 없다고 여겼다. 그는 거들먹거리는 말투로 수업을 진행하며, "너네 사람들은 직업을 이어갈 줄 몰라"라든가 "너네 사람들은 미국의 가치를 받아들이는 법을 배운 적이 없고, 그래서 너희들이 시장에서 경쟁할 수 없는 거야" 같은 발언을 일삼으며 학생들을 '너네 사람'이라고 구분 지었다.

학생 대부분은 모르는 척 응수하며 그가 가르친 내용을 배우지 않는 것으로 만족했다. 그가 가르친 내용을 실제로 받아들여 자신이 정말 멍청하며 생산적으로 살 능력이 없다고 믿는 학생도 몇 명 있기는 했다. 그러나 아크미르와 그의 친구인 토마스 X는 그의 가르침에 적극적으로 저항했다. 그들은 그로부터 배우기를 거부했을 뿐 아니라 수업을 장악하여 그 내용을 백인 우월주의에 대한 공격으로 바꾸려고도 했다. 예를 들어 그 교사가 미국의 가치를 논하면, 그들은 노예제 또한 미국 헌법에 따른 미국의 가치였음을 지적하고 지능이나 능력 부족이 아닌 인종차별이야말로 아프리카계 미국인의 실패와 빈곤의 뿌리라는 점을 입증하려고 했다. 교사는 그들의 발언을 막으려 했고, 생활지도 교사의 처분을 요청하며 교장에게 훈육을 요청했다. 그리고 그들의 이의제기에 응하는 대신 갖은 방법을 동원하여 그들의 입을 막으려고 했다. 아크미르와 토마스 X는 학교의 정당성을 거부하고 교장과 지도교사에게도 교실에서와 똑같은 내용을 설교했기 때문에 학교의 조치는 소용이 없었다. 쓰디쓴 투쟁의 한 학기가 끝나고, 아크미르와 토마스 X는 훈육상 문제가 있는 학생들이 다니는 특수학교로 보내졌다. 이런 학교는 배우지 않는 전략을 숙달하고 학교 당국을 분노케 한, 그러나 나쁜 행동은 하지 않은 학생들이 가게 되는 곳이었다. 이미 인종으로 분리된 체제 안에서 학생을 저버린 교사를 그들의 성난 희생양으로부터 차단하기 위해 만들어진 곳이었다.

아크미르가 고등학교를 떠난 지 삼 년이 지난 후에야 알게 된 사실이 있다. 당시 그는 모든 과목을 이수한 상태였지만, 학교는 '시민 자격'을 이유로 학위 수여를 유보했다. 교장과 생활지도 교사는 아크미르가 제기한 문제가 반(反)미국적이라는 이유로 그가 성실한 미국인이 아니라고 판단했다. 태도를 문제삼아 아크미르의 졸업자격을 박탈했다. 그는 교육과정의 모든 요구 사항을 충족했으므로 학위를 받아야 마땅하지만 동급생들이 졸업한 후 2년 동안 시민권에 해당하는 강좌를 따로 수강해 이수해야 한다는 조치를 받았다. 또한 그들은 나중에 어떤 과정을 시민권 수업으로 판단할지도 심사하겠다고 했다. 아크미르는 그때가 마지막 기회일 거라 직감하여 그들에 대한 자기 생각을 전하고 학교를 떠났다.

당시(1965년) 나는 컬럼비아대학 교육대학원의 대학원생으로서 역시 대학원생이었던 베티 롤스Betty Rawls와 함께 고등학생 나이의 학생을 대상으로 심리학을 가르치고 있었다. 그들은 예전에 내가 가르쳤던 할렘 학생들의 형제자매들이었다. 어느 날, 그중 한 명인 브렌다 잭슨이 아크미르를 수업에 데려왔다. 그 둘은 수업에 다소 늦게 도착했고, 마침 학급에서는 할렘에서 성장한 십대에게도 프로이트 심리학을 적용할 수 있는지 토론하는 중이었다. 토론이 아주 활기차게 이어지던 중에 브렌다와 아크미르가 교실에 들어오자 모두가 침묵했다. 브렌다는 자리를 찾아 앉았지만, 아크미르는 계속 선 채로 나를 똑바로 쳐다보았다. 그때 나는 그가 신체적으로나 정신적으로 얼마나 강인한지 알 수 있었다.

교실에 있던 모두가 잠자코 있었으므로, 나는 프로이트에 대한 나의 견해를 들려주고 프로이트의 중심 이론 몇 가지에 대해 내가 품었던 의문을 끄집어냈다. 5분쯤 지났을 무렵, 아크미르가 교실 앞으로 몇 걸음 걸어 나오더니 조용하지만 강한 어조로 말했다. "그건 백인의 심리학이에요."

나는 그의 말에 반박하지 않고 그런 주장에 대한 근거를 말해보라고 제안했다. 그는 백인이 그런 이론을 세워봤자 소용없다고 주장했고, 나는 그의 말이 틀렸다고 지적하며 설명을 덧붙였다. 비록 프로이트가 백인이기는 해도 1800년대 후반 빈출신의 부르주아 유대인이기도 했고, 그의 이론이 아프리카계 미국인 말고도 1960년대의 비유대인, 노동자 계급, 여성, 젊은 층의 심리를 설명하는 데 적절한지에 대해서는 명확하지 않다는 설명을 이어갔다.

그는 나의 설명에도 아랑곳없이 인종차별, 불평등, 불모의 북아메리카the Wilderness of North America에 관한 열변을 토했다. 불모의 북아메리카라는 표현은 블랙 무슬림이 미국을 지칭할 때 쓰는 표현이었다. 나는 점점 화가 나서 이 수업은 자발적으로 참여하는 것이니 그가 원하면 나가도 좋다고. 그러나 우리는 함께 배우기 위해 그 자리에 있는 것이며 나는 그의 생각이 무엇인지 떠보려고 헛소리를 지껄이는 게 아니라고 말했다. 여기는 어떠한 지적인 견해도 표현할 수 있는 공간이며 그에 대한 변론은 물론 반론도 가능하지만, 모두의 목소리를 존중하지 않고서는 배움이 일어날 수 없는 법이라고도 말했다.

학생들은 아크미르와 나를 걱정스러운 듯이 번갈아 쳐다보았다. 내가 할 말을 마저 끝내자 그도 웃음을 띠며 말했다. "흠. 그렇다면 에고ego 심리학에서 시작하는 게 좋겠군요. 그리고 백인과 아프리카계 미국인에게 에고란 무엇을 의미하는지도 알아봐야겠죠." 나는 그 말에 동의했고 우리는 비로소 토론을 시작할 수 있었다.

수업이 끝나자 아크미르는 나에게 와서 자신을 소개했다. 나는 그의 질문과 이의제기가 수업에 꼭 필요한 부분이었다며 앞으로 계속 참여해보라고 권했다. 베티와 나는 보통 매 수업에 읽을 자료를 미리 내주었는데, 학생들 대부분이 미리 읽어올 형편이 되지 않았기 때문에 우리는 매 수업에 토론거리를 요약해 왔다. 아크미르는 모든 텍스트를 철저히 읽고 공부해 토론할 준비를 마친 상태로 수업에 들어왔다. 그는 모든 자료를 삼

켜버릴 듯이 읽고, 악을 나타내는 데 '검은', '어두운' 같은 단어가 쓰이지는 않았는지, 서유럽 문명의 우월성을 암시하는 교묘한 표현은 없는지, 인종차별이 명백하거나 그렇게 해석될 여지가 있는 문구가 있는지 검토했다. 수업이 몇 차례 이어지는 동안 그는 자료에 대한 질문으로 수업의 흐름을 주도했다. 처음에는 나를 자극하려는 게임이려니 생각했으나 오래지 않아 그건 내 입장에서 나온 자의적 판단에 불과하다는 점을 깨달았다. 아크미르는 인종차별을 암시하는 영어를 샅샅이 찾아내고 그 표현을 순화하려고 노력했다. 그는 이런 기술을 블랙 무슬림과 그 7퍼센트에 속한 미국인에게서 배웠다고 말했다. 그들은 유럽은 순수하고 아프리카는 원시적이라는 식의 주장을 샅샅이 찾아내는 데 아주 노련했고, 세련된 서유럽인과 투박한 유색인이 대조될 때 인종차별이 고개를 든다는 사실을 꿰고 있었다. 나는 그의 분석을 통해 내가 얼마나 조잡한 인종차별적 언어 습관에 빠져 있었는지 깨달았고, 그의 비판을 진지하게 수용하게 되었다. 나는 그의 관점에서 텍스트를 읽기 시작했고, 그에게 모욕적으로 비칠 수 있는 문구나 견해를 가려내려고 했다. 그러다 보니 친숙했던 책이 매우 불편하게 느껴지는 경우도 더러 있었다. 예전에 나는 심리 분석의 관점에서 조지프 콘래드Joseph Conrad의 《어둠의 심연Heart of Darkness》(19세기 말 중앙아프리카를 배경으로 서구 제국주의의 침탈과 야만성을 폭로한다고 널리 알려져 있으나 다양한 해석이 있다. 영화 〈지옥의 묵시록Apocalypse Now〉의 원작으로도 유명하다. - 옮긴이)을 학생들에게 분석시켜 보려고 했으나 결국 포기하기로 했다. 아크미르의 감수성으로 그 책을 다시 읽어본 후 그 이야기의 중심에 노골적이고도 불편한 인종차별주의가 있음을 알고 깜짝 놀랐기 때문이다. 예전에 그 책을 읽었을 때만 해도 그 이야기가 인종주의적으로 해석될 여지는 있겠지만 어디까지나 비범한 작품의 부차적이고 유감스러운 단면이라고 생각했을 뿐이었다. 다시 읽으면서 글의 문학적 가치는 여전함을 확인했지만, 이번에는 이야기만 놓고 본다면 매우 불쾌하기 짝이 없었다. 콘래드 시기의 문화적 배경과 역사적 상황에 비추어 보면 부차적인 문제라 해명될 수 있었던 상황이 이제는 작품의 본질적인 성격으로 부각되기에 충분했다. 나는 《어둠의 심연》의 인종차별적 성향을 분명히 밝히고 콘래드를 욕할 각오 없이 그 글을 가르쳐서는 안 되겠다고 마음먹었다.

그 일이 있고 나서 20년이 더 지나 나이지리아의 소설가인 치누아 아체베Chinua Achebe의 에세이를 읽었다. 〈아프리카의 이

미지: 콘래드의 《어둠의 심연》에 나타난 인종차별주의An Image of Africa: Racism in Conrad's *Hearts of Darkness*〉*라는 제목이 붙은 이 글을 읽고 콘래드에 대한 나의 분석이 틀리지 않았음을 재차 확인했다. 아체베는 콘래드에 대한 입장을 정리하고 나서 단호하게 말한다. "이쯤 되면 내 주장의 핵심은 명확해졌으리라 본다. 재차 말하지만 조지프 콘래드는 뼛속까지 철저한 인종차별주의자이다. 이 단순한 진실이 그의 작품 비평에서 얼버무려진 채 넘어가는 이유는 아프리카에 대한 백인 우월주의가 지극히 정상적인 사고방식으로 통하기 때문이다. 그래서 그 점이 명백히 드러나더라도 사람들이 완전히 알아채지 못하고 넘기게 된다."**

아크미르의 읽기 기술을 통해, 나는 인종차별주의를 걸러내지 못한 채로 책을 읽던 습관을 버렸다. 그를 알기 전까지만 해도 나는 인종차별을 미묘하게 암시한 표현에 그다지 예민하지 않았다. 나는 인종차별의 희생양이 아니었기 때문이었다. 책을 읽다가 접하는 모욕적 표현에도 불쾌함이 없었고, 전통적 권위나 탁월한 언어 뒤에 도사린 인종차별에 분노하지도 않았

---

* In Chinua Achebe, *Hopes and Impediments* (Garden City, N.Y.: Doubleday, 1989), pp. 1–20.

** 같은 책., p. 11.

다. 하지만 이제는 그런 감수성의 결핍이 불편해졌고, 말과 글에 도사린 편향적이지만 관습적인 방식에 대한 불감증을 버려야 했다. 게다가 나 자신의 언어를 선택하고 인종차별적 언어 습관을 피하는 법도 익혀야 했다. '어두운 의도'라든지 '검은 소행'같은 말을 할 때 신중해야 했으며, '문명화된/원시적인', '세련된/세련되지 못한'과 같은 비교 표현도 피해야 했다. 또한 '궁핍한', '불우한' 같은 묘사도 없애야 했다. 배우지 않기로 한 사람의 관점에서 인종차별의 언어를 생각해야 했던 경험은 나의 성장과 발전에 중요한 요소가 되어왔다. 세세한 인종차별 표현에 대한 아크미르의 집념은 흡사 현재의 페미니스트 저술과 똑같은 방식으로 내가 읽고 말하고 글을 쓰는 형식에 영향을 끼쳤다. 내게 있어 그 일은 소위 포함과 배제의 습관으로 배운 내용을 비워내는 문제였다. 교사들의 인종차별적 언어와 사고를 배우지 않는 것이 아크미르에게는 인종차별에 건전하게 대응하는 방식이었다. 인종차별과 성차별의 언어를 비우는 행위는 나에게는 일상에서 인종차별과 성차별에 맞서 철저하게 투쟁해야 하는 책무를 의미하며, 단지 지적인 차원에 머물지 않는다.

몇 년 전 내가 진행한 대학 세미나에서는 젊은 여성 한 명이 성차별 언어를 배우지 말자는 입장을 보였는데, 나는 그 모습에서 인종차별적 언어에 대한 아크미르의 태도를 떠올렸다. 예를 들어, 그녀는 세미나에 참여한 누군가가 남성의 의미가 내포된 표현으로 모든 사람을 지칭하면 거듭 수정했다. "사람(man)은 의미 있는 일을 해야 한다"라든가 "의사가 무슨 일을 하든, 그는(he) 늘 대기해야 한다"와 같은 문구를 큰 소리로 고쳐 말하면서, 젠더에 대한 언급을 바로 잡기 위해 먼저 우리가 읽는 이야기나 기사에 나오는 문장을 바꿔 말하자고 주장했다. 나는 그녀의 입장에는 동의했지만 그로 인해 시간이 지체되어 처음에는 신경이 쓰였다. 그러나 일부 남학생은 그녀가 자기들의 사고 습관을 집요하게 바꾸려 한다며 발끈했다. 심지어 그녀를 두고 '자유로운 아가씨'라며 놀리기까지 하자, 나는 그녀의 입장을 지지하고 이 주제를 수업에서 계속 이어가기로 마음을 굳혔다. 그런 학생에게는 교육 관련 주제보다 젠더 문제를 다루는 편이 더 시급하다고 판단했다. 그렇게 해서 사고를 규정하는 언어의 힘과 젠더 문제가 이후 나머지 세미나의 초점이 되었다. 성차별 언어를 배우지 않기로 한 사람의 주도 하에 그 언어 습관을 비우는 일이 나에게는 놀라운 교육 경험으로 다가왔다. 바라건대, 나머지 학생에게도 같은 경험이었기를 바란다.

백인 남성으로서 나는 대부분의 보편 문구에 있는 남성 지시어에 포함된다. 아래 문장들을 보면 꼭 남성을 가리키지는 않더라도 남성으로서의 내가 포함된다는 생각이 든다.

인간(man)의 행동은 이기적 동기에서 결정된다.
인간(man)은 이성적인 동물이다.
모든 인간(man)은 평등하게 창조되었다.
인간(man)은 죽을 운명이다.

10년 내지 15년 전까지만 해도 여성은 자신이 이런 명제에서 빠져 있다고 생각하리라는 점을 나는 미처 인식하지 못했다. 누군가 처음으로 포함의 문제를 지적했을 때, 나는 지금은 큰 의미가 없는 역사적 배경의 탓으로 돌리고 진지하게 받아들이지 않았다. "무언가 원하는 사람이 있다면, 그(he)는 싸워서 얻어야 한다"와 같은 문장에 있는 남성 대명사 '그'의 쓰임새도 불편하지 않고 정상적으로 보였다. 나는 늘 포함되는 입장이었기에 포함된다는 것이 편안했고, 그래서 그 습관이 계속 배어 있었던 것이다. 그러나 나의 학생이 지적했듯이 배제된 사람들, 나의 아내나 딸들에게는 편하지 않은 문제였다. 그녀가 옳았다. 배제란 젠더, 인종, 계급, 그 어떤 범주에 근거를 두더라도 사람들을 모욕하고 상처 주는 행위다. 나는 책을 읽을 때면 그녀를 지침 삼아 소위 남성 본위의 언어 습관을 비우고자 노력하며 젠더 감수성으로 언어를 파악하는 습관을 들였다.

인종차별과 성차별적 언어 습관을 비우는 것은 인종차별주의와 성차별주의에 맞서는 투쟁의 일부다. 나는 언어 사용에 있어 포함과 배제에 대한 새로운 습관을 배웠다. 명사와 대명사의 용례를 예전보다 훨씬 정확하게 파악하고, 언어를 통해 잘못된 교육을 통찰해온 방식대로 언어에 내포된 정치성을 짚어내게 되었다. 예를 들어, "미국의 십대는 ~라고 생각한다", "교사는 ~라고 믿는다", "평균적인 미국인은~" 같은 글을 읽을 때, 읽던 것을 멈추고 구체적인 지시어가 무엇인지 찾아야 한다. 평균적인 미국의 십대는 할렘이나 하노버(할렘과 대비시키기 위해 사용한 것으로 보이는 미국의 지명-옮긴이)에 사는가, 교사는 공립학교나 사립학교에 근무하는가, 농어촌, 도시 또는 교외 지역의 학교에 근무하는가, 평균적인 미국인이라는 영예를 얻은 사람은 누구인가, 이런 표현들은 각종 미디어나 교재에 흔히 등장하며 진실성 없는 일반화로 복잡한 이슈를 묻어버린다. 꼼꼼하지 못한 언어 습관은 논리가 없는 산만한 사고로 이어질 뿐 아니라, 이 사회가 지향하는 민주주의에 근접하기 위해 풀어야 할 사회·인종·젠더 이슈에 대한 논의를 지속적으로 회피하도록 유도한다.

나는 모든 사람을 통칭할 때 대명사 '그(he)'를 사용하는 습관을 버려야 했다. 한편, 아크미르가 인종차별 언어에 맞섰던 바로 그 방식으로, 비우는 데서 더 나아가 스스로 학생이 되어 성차별 언어를 배우지 않기로 적극 실천하는 장면을 그려보게 되었다. 나는 성차별 언어의 문제를 인식하는 것부터 시작해 어른의 언어 습관이 편향되었음을 알고, 그런 습관에 반대하는 행동으로서 배우지 않기에 들어갔다. 가령, 역사 교사에게 《인간과 그의 세계Man and his World》라는 역사책의 제목이 부정확할 뿐만 아니라 모욕적이기까지 하다며 거듭 문제를 제기한다고 하자. 이어서 잘못된 남성 지시어를 모두 찾아 밑줄을 긋고 수정해본다고 하자. 한 단계 더 나아가 내가 제기한 문제를 역사 수업의 쟁점으로 삼고 과목명조차 히스토리history, 허스토리herstory, 또는 데어스토리theirstory 중에 투표로 정하자고 요구한다면, 그 교사는 나의 발언을 막고 생활지도 교사는 내게 학습과 훈육 상의 문제가 있다고 진단할 것이며, 교장은 퇴학, 전학, 낙제 등으로 압박하려 들 수도 있다. 이 모든 것이 인종차별을 배우지 않기로 했다는 이유로 아크미르가 당한 일이다.

배우지 않기와 비우기는 의식의 변화를 지탱하고, 지배적인 억압에 맞서는 사고와 언어를 계발하기 위한 핵심 기술이다. 특히 배우지 않기에는 강한 의지와 더불어 문제의 권력을 쥔 자가 행사하는 압력을 견디는 힘도 필요하다. 아크미르와 나는 그가 학교에서 시도한 행위가 어느 수준이었는지 종종 이야기를 나누었다. 그는 자퇴를 거부했다. 불모의 북아메리카에 꼿꼿이 앉아 버티며, 손쉽게 자퇴해 거부자들만의 공동체에 속하기보다는 주어진 내용을 공공연하게 배우지 않기로 했다. 그것은 인종이 언급된 모든 표현에 반응하고, 대수롭지 않게 보일지라도 인종차별을 암시하는 문구가 책에 있는지 항상 주시해야 함을 의미했다. 또한 신중하고 정확하게 말하며 말로 나온 모든 것을 교정하여 백인이 규정한 현실을 일소해야 한다는 것을 의미했다.

한번은 아크미르와 대화 중에 배우지 않기와 그에 따르는 시간 너머의 큰 상을 그려본 적이 있는지 물어보았다. 그는 생각해보았다고, 배우지 않음으로써 배움의 장애물을 없애고 언어에서 오는 억압을 느끼지 않고도 배우고 싶다고 했다. 긍정적이고 남을 의식하지 않는 언어로, 백인의 억압을 언급하여 삶을 규정할 필요 없이 아프리카계 미국인의 삶을 말하는 언어로 이야기를 쓰고 전하고 싶어 했다. 그는 혁명으로 분리되고 마침내 자유를 얻은 동족 고유의 목소리로 글을 쓰고 싶다고 했다. 그의 꿈은 자신의 경험과 동족의 역사를 긍정하면서도 종족과 인종을 초월하여 글을 쓰는 것이었다.

인종차별에 맞선 그의 저항은 편견과 차별이 없는 세상, 그러나 자신은 결코 보지 못하게 될까 마음 졸이던 그런 세상에 대한 이상에서 나왔다. 배우지 않기의 추진력은 바로 그 꿈이었다. 우리 둘이 가까워질 수 있었던 배경에는 아마도 그의 꿈에 대한 경의와 배우지 않기라는 창의적 노력을 통해 내가 얻은 교훈에 대한 감사의 마음이 있었으리라. 그때가 1967년이었고, 우리는 당시 한창이던 베트남 전쟁의 의미에 대해서도 이야기를 나누었다. 그는 이 전쟁에 저항하기로 결심했다. 우리는 그가 자신의 역량으로 대학에 갈 수 있는 방안도 고민했다. 그는 배우고 싶어 했고, 작가이자 활동가가 되고 싶어 했으며, 개인은 물론 제도 차원의 인종차별을 뛰어넘어 가르쳐줄 스승이 필요했다. 베티는 그에게 영감을 불어넣어준 사람이었으며, 시립대학 무시험 입학 정책에 따라 개설된 글쓰기 프로그램에서 만난 사람도 주위에 여럿 있었다. 아크미르는 한동안 할렘을 벗어나 있기로 했다. '배우지 않기'를 하면서도 그는 게토

같은 그곳을 넘어서야 한다고 생각했다. 배우지 않기는 그에게 징계 대상이라는 낙인을 남겼지만, 오히려 그 덕에 자신 있고 당당한 학습자로 버틸 수 있었다. 배우지 않았던 덕에 자신을 실패자로 여기지 않을 수 있었으며, 만개한 삶에 대한 꿈과 자아실현이 아닌 그 무엇에도 굽히지 않을 수 있었다.

그해 5월 말, 아크미르를 둘러싼 상황이 심상치 않게 돌아가기 시작했다. 아크미르가 시립대학의 무시험 입학 프로그램에 등록하고 교육대학에 일자리를 얻어 로워이스트사이드에 있는 아파트로 이사한 후였다. 그즈음 아크미르는 자신의 '새 언어'로 거듭난 삶에 대한 연작을 시작했고 얇은 시집 출간도 계획 중이었다. 그러다 6월이 되어 징집영장이 날아왔다. 영장을 받은 바로 그날, 시립대학으로부터 고등학교 학위가 있어야 정식으로 입학할 수 있다는 통보를 받았다. 우리는 그의 고등학교 시절 생활지도 교사를 방문해 그가 베티와 나에게 수강한 심리학 강좌 개요와 이수 증명서를 작성했다. 심리학 강좌라면 시민권 수업 이수를 입증하고 배우지 않은 행위에 대한 보상이 될 수 있을 거라 생각했다. 그러나 놀랍게도 지도 교사는 그 수업을 인정하기를 거부하며, 아크미르가 충분히 뉘우치는지 믿을 수 없다고 말했다. 그는 자신이 납득해야만 학위를 내줄 것이라

선생님께는 배우지 않을 거예요

고 통보하는 투로 말했다. 나는 그의 마음을 돌리고 납득시키기 위해 할 수 있는 모든 수단을 동원했다. 심지어 내가 연구원으로 있는 교육대학의 명성을 동원하기도 했다. 그러나 그 노력은 전혀 수용되지 않았고, 우리 둘은 그곳을 날려버릴 듯한 분노를 품고 학교를 나왔다.

후에 밝혀진 일이지만, 아크미르는 학위가 전혀 필요 없었다. 시립대학 측이 그에게 잘못된 편지를 전달했던 것이다. 그러나 그는 징집거부로 교도소에 가리라는 두려움, 그리고 내 짐작이긴 하지만 자신이 삶을 걸고 바꿔내려던 장소가 불순하며 더 이상 앞으로 나아갈 수 없다는 사실에 망연자실했다. 나는 살아 있는 그의 모습을 다시는 보지 못했다. 최대한 기억을 되살려보면, 그날 밤 아크미르는 옛 동네로 돌아갔다가 친구 몇몇을 마주쳤고, 헤로인 과다복용으로 인근 병원 응급실에 버려져 결국 그곳에서 사망했다. '배우지 않기'에 삶을 바친 대가로 희생된 것이다.

진실성과 희망을 지키려는 싸움만이 억압받는 상황에서 생존하는 방편이 되는 것은 아닐지도 모른다. 억압하는 자를 모방하고 그들의 사회에 흡수되려는 시도가 더 효과적일 수도 있다. 살아남으려면 때로는 긍지를 잊고 자존심을 버려야 할 수도 있다. 대대적인 해방 운동이 일어나지 않는 시기라면 아크미르가 의지한 대안과 저항과 반항은 외롭고 위험한 선택이 된다. 아크미르의 친구 중 일부는 백인 사회가 입힌 이미지대로 위험하고, 폭력적이며, 분노한 존재가 되었다. 한때 그들은 거리에서 성공을 거두기도 했으나 이내 자기 파멸의 길로 들어섰다. 한편 교사와 윗사람이 시키는 대로 하며 그럭저럭 백인 세상의 어느 구석에 흡수될 수 있던 친구들도 있었다. 아크미르는 자신의 존엄을 포기하지 않고 남에 대한 혐오와 자기혐오 속에 자신을 불사르기를 거부한 그 용감한 사람들 속에 있었다. 백인의 방식을 배우지 않기로 한 그의 행동은 그의 교사들, 그가 함께 일한 사람들, 심지어는 그의 진실성과 저항정신에 감복하는 동시에 그의 의로움과 비타협이 지나치다고 생각한 일부 친구들과 갈등을 일으키는 불씨였다. 그는 절망 속에 헛되이 죽었으나, 내가 아는 한 그의 삶은 명예로웠고 그의 죽음은 비극적인 상실이었다.

배우지 않으려는 아이들에게서 배우기

세월이 흐르면서, 우리 공교육에서 실패하는 많은 학생 또한 아크미르와 똑같은 이유로 배우지 않는 것이며, 그들의 전략 중 상당수가 아크미르가 구사한 전략과 같다고 믿게 되었다. 15년 전쯤 텍사스 주의 샌안토니오에 있는 교사 친구들을 방문했던 기억이 떠오른다. 그 지역 라티노의 게토인 '바리오 barrios'의 공립학교에 만연한 반 라티노 성향의 인종차별을 몰아내는 데 힘을 보태기 위해서였다. 친구들이 근무하는 샌안토니오 지역의 바리오 학교에는 라티노 교사가 거의 없었고 라티노 교육 행정가도 전혀 없었다. 행정가 중 대다수가 인근 랜돌프 공군기지의 퇴역군인 출신인 앵글로계로, 그들이 가르치는 학생과 자기들이 종사하는 지역사회에 대해 적대적이고 제국주의적인 태도를 드러냈다. 나는 지역 단체의 요청을 받아 외부인이자 앵글로계 인물로서 몇 군데 교실을 방문하고, 여러 차례 연수에 참여해 학교에서 인종차별이 작동하는 방식을 토론하기로 했다. 그 가운데 중학교 한 곳의 역사 수업에 초대받아 수업을 참관했을 때 일이다. 그 역사 교사는 라티노 일색에 유별나게 구는 이 학급 아이들의 수업에 도움이 필요하다고 시인했다. 나는 그 교사에게서 교재 한 권을 받고 교실 뒤편에 앉아 '텍사스 최초의 정착민'이라는 제목이 붙은 그날의 수업내용을 같이 들었다. 교사가 자원해서 책 읽어줄 사람 있냐고 물었지만 응하는 학생은 아무도 없었다. 대부분이 책상 위에 반쯤

엎드려 있고 교사를 바라보는 아이는 아무도 없었다. 뚫어질 듯 허공만 쳐다보는가 하면 한쪽 구석에서는 곁눈질로 찡그린 표정을 주고받았다. 교사는 집중해달라고 부탁하는 대신 직접 교재를 읽기 시작했다. 그 내용은 대충 이러했다. "텍사스 최초의 정착민은 뉴잉글랜드와 남부 어디 어디 출신으로…." 그때 뒷자리에 앉아 있던 두 남학생이 손으로 눈을 가리고 킥킥거리며 속삭이는 소리가 들려왔다. 한 학생이 손을 번쩍 들고 불쑥 질문했다. "우리는 뭔데요, 동물 뭐 그런 거예요?"(텍사스는 미국 영토에 편입되기 전 멕시코 영토였으며 미국이 무력으로 빼앗았다.-옮긴이) 그 질문에 대해 교사는 이렇게 되물었다. "그게 교재 내용하고 무슨 관계가 있는데?" 그러고는 수업을 포기한 듯, 나를 방문교사라 소개하며 나머지 시간을 대신 맡아줄 것이라고 말하고는 그대로 교실을 나가버렸다. 그가 처음부터 의도적으로 그랬는지, 그래서 자기가 방금 겪은 일처럼 나 또한 당황스럽게 하려고 했는지, 아니면 내가 그 상황을 지켜본다는 생각에 화가 나서 나에게 모두 내맡기려 했는지는 알 수 없었다. 동기가 어찌 되었든 그는 교실을 나갔고 나는 그곳에 학생들과 남았다. 나는 앞으로 나가 그 부분을 다시 읽고, 내가 방금 읽은 내용을 믿는다면 손을 들어보라고 했다. 학생들이 의심스러운 표정으

선생님께는 배우지 않을 거예요

로 나를 보는 가운데 내가 "다 거짓말이야. 말도 안 되는 소리지"라고 말을 이어가자 몇 명의 눈이 동그래졌다. 반 전체가 잠에서 깨어난 듯 몸을 일으켰고, 앞서 교사에게 물었던 그 학생이 내게 물었다. "진심이세요?" 내가 그렇다고 말하자 그는 다시 내 말을 가로채며 말했다. "그 책은 그 정도가 아니에요. 인종차별투성이란 말이에요."

고개를 끄덕이며 동조하는 아이들이 나오면서 반 전체가 숙연해졌다. 내가 벌인 일을 계속해야 할지, 대화를 중지하고 그 교사의 체면을 세워줘야 할지는 나에게 달려 있었다. 나는 수업을 계속하기로 작정하고 말을 이어나갔다. 나는 그 교사를 모르지만 가르치는 사람 중에 인종차별주의자를 적어도 한 명 이상은 만나봤으며, 그런 사람들은 학생과 부모들한테 쫓겨나야 마땅하다고 말했다. 그 책은 분명 인종차별적이며 모두에게 보란 듯이 인종차별을 하는 것이 분명하나 학생들이 교사에게서 어떻게 인종차별주의를 감지하는지 궁금하다고 덧붙였다. 학생들은 학교의 일상생활에서 인종차별이 드러나는 방식에 대해 진지하게 토론하기 시작했다. 그리고 인종차별에 맞서면서도 학교에서 쫓겨나지 않으려 취하는 태도에 대해서도 설명했다. 그들의 행동은 협력을 통해 정점에 오른, 배우지 않기의 전형이나 다름없었다. 그들은 개인과 그들 문화의 진실성을 지켜내는 한편, 배우지 않음으로 인한 낙제 점수를 감수했다. 당시 교육계에서 이 반은 실패자들의 학급이었으나, 나는 이들이야말로 긍정적인 리더십과 그 세대의 지성을 보여주는 보고라 믿었으며, 지금도 그렇게 믿고 있다.

자발적으로 배우지 않는다는 것에는 의식적이고 선택적으로 배움을 거부한다는 의미가 포함된다. 이는 고립이나 저항의 형태로 가장 잘 나타나며, 학교와 관련된 상황에만 국한되지 않는다. 최근에 나는 평화를 기원하는 아프리카계 미국인의 영가 중에 "나는 더 이상 전쟁을 배우지 않을 거예요"라고 다짐하는 가사가 들어 있는 곡을 발견했다. 전쟁하라고 배운 적 없는 이들도 국가가 싸우기로 결정하면 국가의 명에 따라 전쟁을 배워야 한다. 평화주의자이거나 비폭력을 택한 사람이라면 전쟁을 배우라는 사회적 압력에도 전쟁을 배우지 않아야 한다. 가난한 사람은 살아남으려면 절망을 배우지 않아야 한다. 기독교인은 거만과 교만을 배우지 않아야 한다. 그 윤리적 스펙트럼의 맞은편 극단에서 보면 군인은 '적'의 생명에 마음 쓰는 법을 배우지 않아야 하고, 고용주는 해고된 사람의 고통을 헤아리는 법을 배우지 않아야 한다. 살다 보면 배우지 않을 기회가 배움의 기회만큼이나 많다. 배움을 긍정적인 방향으로 보기 위해 어떤 배움은 거부해야 한다는 점을 지적하기란 쉽지 않다. 그러나 배우지 않기를 익히지 않고서는 사람들이 가치를 선택하고 행동을 정할 때 마주하는 복잡한 결정의 어느 단면밖에 볼 수 없게 된다. 나는 그제야 아이들의 삶에서 배우지 않기가 갖는 중요성을 이해하기 시작했고, 다른 이에게도 타인이 걷지 않기로 한 길의 성격을 규정하고 그 결정이 운명에 어떤 영향을 끼치는지 생각해보고 글로 옮겨보라고 권한다.

배우지 않기에 비추어 나의 교육 경험을 돌이켜보면, 무례한 질문을 던지고 수업 내용에서 반박거리를 찾으며 숙제나 시험을 대수롭지 않게 여기는 아이는 대부분 배우지 않기의 달인이다. 보다 얌전한 방식으로 배우지 않기를 실천하는 아이는 뚱하게 앉아 몽상하면서 교사의 음성을 차단한다. 그런 아이는 때로 의자에서 떨어지기도 하고, 물건을 던지기도 하며, 다른 여러 방해 수단을 사용하기도 한다. 정도가 심한 아이는 특수반으로 배치되거나 학교에서 쫓겨나기도 한다. 이런 상황에서 아이의 관심은 결코 교사가 가르치려는 내용에 이끌리지 않는다. 이런 단계에서는 배우려는 시도가 없으므로 실패도 불가능하다. 하지만 이런 학생을 멍청하다거나 심리적으로 문제가 있다고 보는 경우가 흔하다. 정치 또는 문화적 이유로 학교교육을 의식적, 자발적으로 거부하는 행위는 강압적 교육에 대한 적합한 대응 방법으로 인정되지 않는다. 학생들은 그들이 받아야 하는 학교교육이나 그들에게 배우라고 요구하는 사람들을 합법적으로 비판할 방법이 없는 까닭에, 그들의 저항과 반항은 오명을 뒤집어쓴다. 체제의 문제는 희생자의 문제로 둔갑한다. 제대로 기능하지 못하는 경우가 잦기는 하지만, 배우지 않기는 인종차별과 성차별 그리고 여러 형태의 편견에 대응하는 건전한 방식이다. 정의를 부르짖는 사회 운동이 일어나는 시기에는 이 같은 방식이 더욱 긍정적인 대규모 저항과 시위, 대안적인 배움터의 발전으로 이어지기도 한다. 한 예로, 1960년대 뉴욕에서 자신들의 진실성을 지키고 흑백분리 학교 교사의 인종차별적 가르침을 의식적으로 거부한 학생들은 학교 보이콧운동의 리더가 되고, 자유 학교에서 아프리카계 미국인의 역사와 글쓰기를 가르치는 교사가 되었다.

나는 그와 같은 학생 리더들을 알고 있고 그중 몇 명과는 함께 일하는 기쁨을 맛보기도 했다. 자밀라 L. 격동의 1960년대 말 내가 근무했던 대안 고등학교의 학생회장이었던 그녀는 일반 학교의 특수학급에서 음료수를 마시고, 과자를 먹고, 읽지 못하는 체하며 4년을 보냈다고 했다. 그 모든 행동은 인종차별적인 교사 몇 명을 때리지 않으려는 자제력의 발로였다. 사실 그녀는 독서광으로, 로맨스와 아프리카계 미국인 역사를 탐독하고 있었다. 할머니가 고등학교 졸업을 간절히 바랐기 때문에 부득이하게 특수학급을 빌미로 학교에 다닌 것이었다. 우리 학교에서 자밀라는 교육 위원회의 대표를 맡아 프로젝트 개발과 제안서 작성에 참여하고 학생들을 이끌어 지역 경찰서 청소년 담당 부서의 인종차별적인 경관에게 맞서 싸웠다.

자밀라의 상황은 예외적이랄 것도 없다. 우리 공교육의 특수학급에는 드러나지 않은 리더와 창조자들이 복도를 주름잡고 화장실을 떠돈다. 1967년, 시인 준 조던June Jordan이 당시 할렘의 유일한 고등학교인 벤저민 프랭클린 고등학교의 졸업반 학생 몇 명을 소개해달라고 부탁했다. 그녀는 이 학생들의 미래에 대한 글을 쓰고 있었다.* 그들 중 두 명의 성적은 학급 내 최하위권이었고 다른 두 명은 학교 전체에서도 상위권이었다. 조던은 처음 두 명을 다음과 같이 설명했다.

---

* 저자명 준 메이어June Meyer로 출간, "You Can't See the Trees for the School," *Urban Review*, vol. 2, no. 3 (December 1967), pp. 11–15.

폴 루치아노와 빅터 에르난데즈 크루즈는 친구 사이다. 둘 다 내년 1월에 있을 졸업을 학교에서 '나가는 것'으로밖에 여기지 않는다. 폴은 받기로 되어 있는 '작은 종잇조각'(졸업장)을 4년 동안 '백인화'된 증거로 간주한다.

폴은 다음과 같이 말한다.

"(학교의) 프로그램은 아주 혼란스러워요. 설명해주는 사람도 없어요. 그저 등 한번 토닥거리는 정도에요. 그러고는 말하죠. 프로그램을 잘 따라가지 못하면 인생 망치는 거래요. 그럼 나는 그까짓 것 될 대로 되라는 식으로 말하죠. 그럴 땐 좀 세게 나가야 해요. 우리가 배우는 건 모두 거짓말이거든요.

그들의 교육인걸요.　　　　　내 건 아니에요.
그들의 역사인걸요.　　　　　내 건 아니에요.
그들의 언어인걸요.　　　　　내 건 아니에요.
뭐든 대봐요. 그들의 거예요.　내 건 아니에요.

백인 교사는 그렇게 살아본 적이 없어요. 나에게 공감할 수 있는 게 하나도 없어요. 그러니 나는 정말 지루한걸요."

빅터가 말을 이어나간다.

"참 나, 조지 워싱턴은 노예를 부려먹었단 말이죠. 흑인하고 돼지를 맞바꾼 적이 있다는 사실도 알아요? … 우리는 도서관 사서에게 맬컴 엑스의 사진을 걸어달라고 부탁했어요. 사진이랑 전부 우리가 준비한다고 했거든요. 그런데 그 사람이 '안돼'라고 말하더군요. 우리는 그의 사진이 조지 워싱턴하고 토머스 제퍼슨 옆에 걸렸으면 했는데… 그 사서는 맬컴 엑스가 증오를 설교했다고 그러는 거예요. … 우리는 《맬컴 엑스자서전_the Autobiography of Malcolm X_》을 도서관에 들여달라고도 부탁했어요. 그랬더니, '어떤 책은 비치되려면 삼 년이 걸린다'고 하더군요. 그 책은 아직도 도서관에 없어요."

그 후 20여 년이 지나 스파이크 리_Spike Lee_ 감독이 만든 영화 〈똑바로 살아라_Do the Right Thing_〉에 아주 흡사한 상황이 나온다. 영화 속에서는 동네 피자가게에 맬컴 엑스와 마틴 루터 킹의 사진을 이탈리아 출신 영웅들의 사진 옆에 거는 일을 두고 실랑이가 벌어진다. 이와 같은 상황이 도대체 얼마나 더 재연돼야 할까?

조던의 글에서는 빅터와 폴이 컬럼비아대학의 시민의회Citizen's Council가 후원한 교육 프로그램에서 읽기를 가르치기까지 한 것으로 밝혀진다. 시민의회는 그해 컬럼비아대학에서 있었던 학생 파업에도 연관된 단체였다. 그 둘은 자기들이 상상하던 대로 학생들에게 권한과 능력을 장착해줄 수 있는 교사가 되고 싶어 했다. 그리고 빅터로 말하자면, 조던의 글에 인용된 본인의 시에서 내가 그동안 만나온 젊은이 중 배우지 않는 길을 선택한 대다수의 감정을 이렇게 표현했다.

우리는 되지 않으리라
어느 언덕 위 죽은 듯이 잠든 꽃들처럼
심지어 그 색깔로도
풍기는 향기로도 인정받지 못하는
꽃들처럼
되지 않으리라

훗날 그의 첫 시집 《파포는 총이 있다Papo Got His Gun》에 수록된 시에서 빅터는 배우지 않기의 중요성을 한층 명확하게 드러 낸다. 그는 자신의 중학교junior high school시절을 다음과 같이 이 야기한다. (빅터 에르난데즈 크루즈는 고등학교 시절부터 시작 활동을 하여 1981년 〈라이프Life〉지에서 가장 위대한 미국 시인 중 한 명으로 꼽 히기도 했다.-옮긴이)

JHS 당신이 최고야
당신이 가르친 것 말고
내가 배운 것 때문이지
그건 당신이 가르친 게 아니야*

배우지 않기와 실패를 구분할 줄 알고, 가난하고 억압받는 학생이 학교에 보내는 이 거대한 거부행동의 배경에 있는 진실 을 존중하지 않고서는, 오늘날 미국에서 벌어지는 교육의 거대 한 문제를 풀 수 없을 것이다. 위험을 각오하는 용기는 잘 가르 치는 일의 핵심이다. 이 말은 교사로서 체제에 순응하는 길을 배우지 않아야 하고, 아프리카계 미국인의 영가에서 노래하듯 모두에게 생명의 나무에 닿을 수 있는 권리가 있다는 사상을

---

* Victor Hernandez Cruz, *Papo Got His Gun* (New York: Calle Once Press, 1967), p. 6

힘주어 말해야 한다는 의미다. 우리는 반항하는 학생을 실패자로 낙인찍는 대신, 이 부유한 사회와 그것이 지탱하는 학교에 비판의 시선을 던져야 한다.

많은 학생에게 있어 배우지 않기의 유일하고도 온전한 대안이 학교와 사회가 그 안에서 자행되는 사회적·성적·경제적 억압을 인정하고 그에 똑바로 대응하는 것임을 시인하지 않는 한, 그 어떤 교육 연구도, 교수법과 교재의 개발도, 특수 프로그램 혹은 보상 교육도, 교사 재교육도 근본적인 변화를 가져오지 못할 것이다. 교육계가 우리 사회의 버거운 진실을 인정하고 바로 서야 비로소 배우지 않기라는 저항을 돌파할 수 있으며, 학생과 교사는 문제에 대한 근시안적인 해결책이 아닌 해결을 향해 나아가는 투쟁에 동참할 수 있을 것이다.

이야기
둘

문신한 사나이: 어느 희망 전도사의 고백

운명의 책을 만나다

1949년 11월, 어쩌면 12월의 어느 날 이른 오후 한두 시경이
었다. 초겨울에 접어든 브롱크스의 잿빛 어둠 속에서 나는 불
과 몇 시간 후면 천식 증세가 시작되리라는 생각에 바짝 긴장
하고 있었다. 그 시절 나는 오후만 되면 천식발작의 공포에 사
로잡혔고, 그 공포로 발작은 더 심해졌다. 그날 7학년 학생들은
듀이 십진분류법을 익히러 도서관에 가야 했다. 우리는 앞장선
로버트슨 선생님이 평소처럼 술에 절었거니 생각하며 그를 신
경 쓰는 둥 마는 둥 느긋하게 따랐다. 선생님도 서두르지 않기

는 마찬가지였다. 도서관 수업이 길어지는 만큼 수업을 안 해도 되기 때문이었다.

사서는 여러 가지 숫자와 색인에 대해 설명하고 독서의 즐거움 같은 이야기를 덧붙였다. 하지만 서서히 고개를 드는 불안에 정신이 팔린 내게는 사서의 이야기가 귀에 들어오지 않았다. 매년 이맘때만 되면 발작이 더욱 심해지는 이유를 도통 알 길이 없었고, 때로는 그 고통이 너무 큰 나머지 수업을 마치고 집으로 오는 내내 훌쩍거리기도 했다. 그 시절 강기슭의 안개처럼 몰려드는 천식에 대한 불안은 어떤 말이나 개념으로도 설명할 수 없는 것이었다.

우리는 아무 책이나 한 권 골라 듀이 십진수와 책 제목, 저자를 비롯한 몇 가지 정보를 작성하라는 과제를 받았다. 책을 찾는 과제가 시작되자, 나는 서가의 가장 구석진 선반까지 가서 책 한 권을 무심코 집어 들었다. 《문신한 사나이*The Tattooed Man*》. 꿈속에서 몰래 가져온 듯 호기심을 자아내는 제목에 하워드 피즈Howard Pease라는 작가명도 생소하고 어딘가 미심쩍어 보였다. '유대인도 아일랜드인도, 그렇다고 이탈리아인의 이름도 아닌 것이, 어디 사람이지? 이런 이름은 도대체 어디 가면 지을 수 있는 거야?' 문신한 사람, 가면 쓴 사람, 투명 인간에 대한 이야기를 들어본 덕에 피즈라는 이름과《문신한 사나이》라는 제목, 둘 다 나의 흥미를 끌어당겼다. '부정기 화물선 애러비호의 심부름꾼 소년 토드 모런에게 닥친 이상한 모험 이야기. 샌프란시스코에서 파나마 운하를 거쳐 제노아로 향하는 토드 모런의 파란만장한 첫 항해'라는 부제를 읽다가, 나는 공상과 꿈에 빠지고 라디오와 만화책에 심취해 꾸며낸 나만의 영웅담으로 빠져들었다.

나는 다시 정신을 차리고 처음의 자리로 돌아와 듀이 십진분류법 과제를 마치려 했으나, 원래의 정보를 채워 넣는 대신, 책의 헌사를 그대로 옮겼다. "가드 C. 다라에게, 파나마 연안의 폭우 쏟아지는 갑판과 프랑스의 행진 가도의 기억을 바치며"라는 헌사를 읽으며, 나는 빗속에 서 있으면 과연 어떤 기분이 들지, 정처 없이 떠도는 삶이 얼마나 낭만적일지 상상했다. 행진 가도와 폭우가 쏟아지는 갑판은 과연 어떤 것일지 궁금하기도 했다. 나는 결국 그 과제를 끝내지 못했으며 지금까지도 듀이 십진분류법의 원리는 배우기를 주저하고 있다.

내 생에 단 몇 번이지만, 오직 나에게 발견될 순간만을 기다리며 도서관이나 서점 책장에 꽂혀 있는 책이 있다고 확신한 순간이 있었다.《문신한 사나이》도 그중 하나였다. 학생은 책을 대출해 집에 가져갈 수 없었지만, 나는 그때 생전 처음으로 사서에게 졸라서 《문신한 사나이》를 2주 동안 빌리는 데 성공했다. 맘에 드는 책을 후다닥 해치우는 법이 없던 나에게 2주라는 기간은 책 한 권을 다 읽기에 빠듯한 시간이었다. 책의 어느 글귀를 두고 미적거리며 내용에 물음을 던져보기도 하고, 머릿속이 꽉 막히거나 이해할 시간이 부족하면 책장을 덮어두기도 하고, 작가가 심어둔 복선을 추리하고 작중 인물의 반응을 추측해보기도 하는 터에 내 책 읽는 속도는 매우 더딘 편이었다.

그날 밤 나는 숙제를 마치고 책장을 펼쳐 샌프란시스코에서 시작하는 토드 모런의 여정에 합류했다. "샌프란시스코 부둣가는 마치 바람에 흩날리는 파도의 물보라를 뒤집어쓴 듯 해무가 자욱했다." 나는 이 대목에서 말하는 파도의 물보라가 무슨 말인지 몰랐다가 나중에야 뜻을 찾아보았다. 토드 모런의 세계로 빨려 들어가 그와 함께 안개 속에 잠긴 도시를 떠돌며 "멀리서 들려오는 케이블카의 철커덩 소리, 신문배달부의 서릿발 같은 외침 소리, 유령처럼 음침한 트럭과 짐마차가 생기 없이 덜컹거리며 지나가는 소리"에 함께 귀를 기울이던 그날 밤을 떠올려보면 이 표현의 어감이 꽤 마음에 들었던 것 같다. 나는 그 대목에서 멈추었다. 그 문장을 읽고 또 읽으며 크게, 그러나 부모님과

형이 깨지 않도록 나직이 읊조렸다. 그러자 내 평소의 꿈보다 강렬한 장면 하나가 솟아올랐다. 하워드 피즈의 언어는 내 안에 하나의 세계를 창조했다. 그 마법과도 같은 언어로 인해 내 안에 작가가 되고 싶다는 욕망이 타오르기 시작했다.

그날 밤 이후 글을 쓰고자 하는 욕구는 한시도 내 곁을 떠나지 않았다. 그런 일이 어떻게, 왜 일어났는지 여전히 설명할 길이 없다. 글을 쓰려는 욕구가 내 안에 늘 웅크리고 있다가 어떤, 혹은 무엇이든 아름다운 어휘에 눈떠 각성하는 순간만을 기다리고 있던 것은 아닌지 이따금 궁금해지기도 한다. 사서가 《문신한 사나이》를 그 도서관에 구비해 두지 않았다 해도 나는 여전히 영감의 원천이 나타나기를 기다리고 있지 않았을까 생각하기도 한다.

당시 나는 열두 살이었고, 샌프란시스코는 실제로 본 적 없는 지도상의 한 점에 불과했다. 짐마차와 케이블카는 흡사 꿈속 모험에 등장하던 말이나 잠수함에 견줄 만한 가공의 운송수단이었다. 토드 모런은 꿈에 나오던 친구들과 달랐다. 그에게는 바다에서 의문의 실종사고를 당한 친형이 있었다. 그는 '애러비'라는 이름의 배에서 형의 사연을 아는 문신한 사나이를 만난다. 이것은 보통의 만화책에 나오는 비현실적 이야기와 달랐다. 이것은 실제였다. 문학으로 만나는 실제였고, 차원이 다르며 더 심오한 데다 그때까지 읽은 여느 만화책 이상의 감동이 있었다.

세상 너머를 꿈꾸다

토드 모런은 열일곱에 불과한 나이에 선원이 되었다. 당시 내 나이보다 겨우 다섯 살 많은 나이였다. 20쪽에서 토드가 애러비호의 심부름꾼으로 배에 오른다는 이야기가 나오자 나는 꼬박 닷새 동안 책장을 덮고 나의 미래를 생각했다. 미래는 이제 갑자기 닥쳐온 현실이 되었고, 한낱 영웅 판타지의 이야깃거리나 판에 박힌 가출 계획과는 다른 문제였다. 나는 여태껏 상상해온 것보다 크고 변화무쌍하며 다가갈 만한 실제 세상을 그리기 시작했다. 그리고 나도 내 삶을 바꾸고 다른 곳에서 다른 방식으로 살 수 있으리라는 사실에 눈을 떴다. 나의 상상은 이제 가상의 실현 불가능한 영역에 국한될 필요도 없었다.

여덟 살 때부터 열두 살이 될 때까지, 나는 종종 낭만과 모험의 환상에 이끌려 잠을 청하곤 했다. 낮에는 이런 환상이 끼어드는 일이 결코 없었으나, 밤이 되면 특별한 의식을 치러 불러냈다. 먼저 침대보 밑에 몸을 웅크린 다음, 등을 대고 누워

선생님께는 배우지 않을 거예요

천장을 응시하며 렉싱턴 애버뉴의 고가철도를 떠올리는 것이었다. 제롬 애버뉴에 이르면 지하철은 지상에서 몇 층 높이로 솟아올랐다. 주말마다 맨해튼으로 향하는 여행에서 맨 앞칸 차창에 기대어 서서 양키스타디움에 다다를 즈음 땅 밑으로 내리꽂히는 경험을 하고 나면, 솟아오르고 가라앉는 느낌의 극명한 모순이 희미해졌다. 그 순간 불이 꺼지면, 지하철의 컴컴한 내부는 암흑 같은 터널과 하나가 되었다. 그 짧은 45초 동안 온 세상이 어둠에 물들면 봉인에서 풀려난 악마와 악령이 지하철로 몰려들었다. 나는 그런 상상을 했고, 내 친구들도 똑같은 모습을 그렸을 것이다. 열세 살 무렵엔 브롱크스에서 맨해튼으로 향하는 열차가 지하로 들어선 순간 시간이 멈춘다는 내용의 공상과학 소설을 써볼까도 생각했다.

고가철도는 밤에 치르는 의식의 일부이자 내 사고의 일부이기도 했다. 브롱크스에서 맨해튼으로 가는 통로이자 낮을 지나 밤의 모험과 환상으로 향하는 통로이기도 했다. 일단 똑바로 누워 고가철도의 영상이 떠오르면 잠시 기다려야 했다. 내 의식의 3부는 지하철이 176번가 역을 떠나는 소리가 울리며 차창 유리에 반사된 불빛이 내 침대를 지나칠 무렵 시작되었다. 때로는 그 장면이 너무도 선명해 창가에 앉은 사람들의 윤곽도 알아볼 수 있을 정도였다. 마법의 불빛이 지나가고 나면 나는 눈을 감고 상상 속의 친구이자 스승인 가면의 기수를 소환했다. 꿈이 시작되자마자 그가 나타나는 동시에 내가 이미 그의 곁에 함께하는 경우도 있었고, 그가 기다리는 동안 내가 꿈속으로 걸어 들어가 그를 만날 때도 있었다.

그 시절의 기억을 더듬어 꿈속 장면을 되살려보면, 가면의 기수는 얼굴이 없었고 검은 말을 타고 다녔다. 무기를 능숙하게 다룰 수 있었지만 폭력적이지 않았고, 자상했으며 나의 소환에 기꺼이 응해 삼사 년 동안 수많은 모험을 함께했다. 나는 그의 동행이었으며 유독 좋은 어느 밤이면 꿈이나 환상 속에서 우리의 그날 밤 목적지를 묻기도 했다. 우리가 함께한 대부분의 모험에는 매력적이고 너그러운 여인이 동행했는데, 그녀는 사람을 조종하지 않고 진심으로 좋아하는 성품이었다. 그 시절, 내 꿈이 가족의 테두리를 벗어난 사랑의 갈구라는 점을 내가 알아챘는지는 확실치 않지만, 되돌아보면 육체적으로나 정신적으로나 집을 떠나기 위한 준비 과정이었다는 생각이 든다.

가면의 기수가 직접 이야기한 적은 없지만, 나는 어쩐 영문인지 그의 과거를 알고 있었다. 그는 어린 시절 어두운 가면을 쓴 채 광야를 떠돌다가 발견되었다는데, 감히 그의 가면을 벗길 수 있는 사람은 아무도 없었고 그 역시 아무에게도 얼굴을 드러내지 않았다. 그조차 자신의 얼굴을 본 적이 없었다. 그는 세상의 어두운 변방에 홀로 살았고, 성물(聖物) 한 꾸러미와 칼, 밧줄만을 소유했다. 그중에는 얼굴 모양의 돌과 움켜쥔 주먹 모양의 나무뿌리, 근사한 칼 네 자루, 텅 빈 단지 몇 개, 검은 모래가 담긴 유리병이 있었다. 가장 성스러운 물건은 그가 어렸을 때 발견한 흙으로 빚은 작은 두상으로, 오랜 세월 닳고 닳아 특색도 없고 얼굴도 알아볼 수 없는 유물이었다. 그는 형체 없는 검은 말을 타고 다니기도 했는데, 그럴 때면 말과 기수 한 몸의 검은 색 동체로 보였다.

그 시절 나는 낮 동안 라디오에서 나오는 〈캡틴 미드나잇〉을 들었다. 〈새도우〉, 〈외로운 방랑자〉, 〈그림자 없는 사나이〉 같 은 프로그램도 들었다. 가면의 기수는 이런 프로그램에 심취하 며 발견한 자유와 힘을 동경하며 나만의 상상을 입혀 만든 영 웅인 셈이었다. 가면의 기수를 만날 때는 나의 통제력이 미치 지 못하는 여느 꿈속과 달랐다. 나는 환상의 세계에 있으면서 도 반쯤은 의식이 있는 상태로 그 세계의 바깥에 머물며 일이 어떻게 돌아가는지 지각할 수 있었다. 그와 함께 모험을 만끽 하기도 하고 나 자신의 모험을 지켜보기도 했다. 심지어 꿈속의 나에게 훈수를 둘 수도 있었으며, 꿈의 논리라면 환상의 안과 밖, 두 개의 세상에 동시에 존재하는 것도 이상할 게 없었다. 나와 나의 분신은 그렇게 그 모든 모험을 함께 견뎌냈다.

모험의 세계에서 가면의 기수는 어린이들을 위기에서 구하고 보살펴주다가도 그들이 굳세게 크도록 지켜보기만 할 때도 있었다. 그는 어떻게 하면 자상하면서도 강인한 사람이 될 수 있는지 몸소 일러주기도 했다. 내가 열두세 살 무렵부터 키워 온 교사의 꿈이 가면의 기수에게 보내는 존경심, 그리고 그가 나에게 그랬듯이 다른 아이들에게 자상한 사람이 되고자 하는 바람과 밀접한 연관이 있는 것은 아닌지 가끔 궁금해질 때가 있다.

나는 가면의 기수 이야기를 아무에게도 하지 않았는데, 여기에는 몇 가지 이유가 있다. 우선, 나는 그가 돌연 사라져버릴까 두려웠다. 정신 나간 아이 취급을 받을 것도 두려웠다.

나는 《문신한 사나이》 그리고 가면의 기수와 함께 내가 알고 있던 세상을 딛고서 그 너머로 나아가는 법을, 더 즐겁고 흥미 진진한 가능성을 상상하는 법을 깨우치고 있었다. 나 역시 오랫동안 학생들로 하여금 그들이 사는 세상 너머를 꿈꾸는 법을, 보다 충만하고 공감하는 삶을 상상하는 법을 깨우치도록 고취해왔다. 원래와 다른 모습으로 세상을 보는 능력은 희망을 이어나가는 데 중요한 역할을 한다. 일상의 고뇌에 신음하는 마음의 부담을 덜어주고, 매정하고 광포한 세상의 공포와 싸울 때 기댈 수 있는 이성의 보고가 된다.

다른 세상의 가능성을 보여주며 아이의 상상력을 키우는 일은 우리가 모든 아이에게 빚진 선물이다. 방법은 많다. 한 가지 예로, 이야기는 아이들이 일상의 제약에서 초탈한 세상에 빠져들도록 이끄는 매개가 된다. 아이들은 문자 그대로 '빠져' 든다. 내가 가면의 기수의 세상에 빠져든 것처럼, 아이들은 좋은 이야기에 빠져들고 마치 무아지경에 접어든 듯 귀를 기울인다. '옛날 옛적에'나 '아주 오래전, 머나먼 어느 나라에'와 같은 문구는 아이들에게 현실이 멈추고 환상이 시작됨을 알리는 의례적 표현이다. 내가 유치원에서 가르치던 시절, 아이들은 이야기 시간을 신성하게 여겼다. 만약 누군가 이야기 도중에 들어와 몰입을 방해하면, 아이들은 단잠을 방해받기라도 한 듯이 고개를 쳐들고는 침입자를 쫓아내곤 했다. 흡사 은밀한 공간이 침해당하고 다른 세상에 있다가 원치 않게 깨어난 것처럼 원성이 자자했다.

고등학교에서 가르치던 시절에는 시가 아이들의 상상력을

기리는 매개체였다. 시로써 현실의 속박을 정당하게 부술 수 있었기에, 나는 동화와 신화의 힘에 대한 십대 특유의 냉소를 이겨낼 수 있었다.

우리 집의 세 아이가 어렸을 때는 직접 이야기를 지어 들려주곤 했다. 어린 시절 내가 할아버지 할머니에게 들은 이야기는 우리 아이들에게는 맞지 않겠다고 판단했다. 나는 우리 아이들이 이야기에 직접 등장하게 하거나 적어도 우리 아이들을 대신할 만한 등장인물을 설정하고 싶었다. 내가 만든 이야기는 네 명의 등장인물을 중심으로 펼쳐졌다. 그중 미미와 투투와 쟈하 세 명은 우리 아이들을 모델로 가져왔다. 미미는 당시 여섯 살이던 에리카에게서, 투투는 일곱 살이던 토냐에게서, 쟈하는 네 살이던 조슈아에게서 따왔다. 네 번째 인물은 오버럴이라 불렸다. 그는 도시는 물론 대양과 사막과 산으로까지 이어지는 하수도로 형성된 전 세계적인 지하 네트워크에 살았다. 그는 증기의 형태로 나타나며 이디시어의 억양으로 말했다. 나에게 그는 조부모님이 속한 이디시어의 세계와 어릴 적 브롱크스의 유머와 고뇌, 친절과 분노, 지혜와 우악스러움이 합성된 상징이었다. 그 시절 나의 숨통을 조이는 동시에 성장시키기도 했던 '천식'이라는 안개의 화신이라 보아도 무방했으리라.

선생님께는 배우지 않을 거예요

오버럴은 이야기라는 설정을 빌어서 우리 아이들이 결코 체득할 수 없는 유산의 멋과 정신을 함께 나누고자 내 나름대로 공을 들인 인물이었다. 이 이야기가 지속된 삼사 년 동안 내가 지어낸 모든 이야기에서 오버럴에게는 특별한 능력이 있었다. 언제 어디서든 세 아이의 모험에 위기가 닥치면, 홀연 땅위에 맨홀 뚜껑이 생기고 그 구멍에서 새어 나온 증기와 함께 오버럴이 아이들을 구하러 나타났다.

오버럴은 각각의 아이에게 선물도 주었다. 그것은 휴대 가능한 눈알인데, 아이들은 이것을 가지고 다니다가 보고 싶은 것이 생길 때 쓸 수 있었다. 눈알을 들여다보면 먼 곳에서 일어나는 일도 볼 수 있었고, 염탐하고 싶은 곳에 눈알을 숨겨 엿보기도 했으며, 과거는 물론 이따금 미래도 볼 수도 있었다. 그러나 미래를 볼 때면 눈알에 눈물이 맺히고 상이 흐려져 전적으로 신뢰할 수는 없었다.

눈알은 이야기꾼인 내가 아이들에게 부여한 능력의 일부에 불과했다. 에리카는 별자리가 염소자리이므로 미미에게는 가파른 언덕을 오르고 단단한 물체를 들이받을 수 있는 능력과 수수께끼를 풀 수 있는 능력을 주었다. 토냐는 게자리이므로 투투에게는 앞이나 뒤로 움직일 때만큼 빠르게 옆으로 이동하며 한번 잡은 물건은 원하는 것을 알아낼 때까지 놓지 않는 능력을 주었다. 여기에 엄청난 인내력과 복잡한 문제를 깊이 생각한 후 흥미로운 해결책을 내놓을 수 있는 능력이 더해졌다. 쟈하는 전갈자리인 조슈아의 기운을 받아 민첩하게 찌르는 공격을 할 수 있었고, 동굴과 땅 밑 터널을 뚫을 수 있는 능력과 다른 사람의 생각과 느낌을 간파하는 예리한 지력이 있었다.

각각의 이야기는 대양이나 숲의 한가운데, 때로는 뉴욕 같은 도시의 심장부에서 배에 오르는 항해로 시작했다. 내가 상황을 설정한 후 아이들에게 가고 싶은 곳을 묻는 식으로 이야기가 전개되었다. 아이들은 내가 이야기를 최대한 오래 끌도록 거들기도 하고, 이야기 속 세상의 악당과 친구 등의 인물 정보를 캐내려고 조르기도 했다. 나는 언제나 특별히 난처한 때를 대비해 오버럴을 남겨두었다가 한두 가지 이야깃거리를 그에게 맡겼다. 내가 자란 브롱크스가 배경이면서 그 상황과 간접적으로 연관된 것들이었다. 아이들은 참을성을 키우고 이야기 전개를 통해 그가 가르치는 방식도 배워야 했다. 이야기가 복잡한 양상으로 흐름에 따라 아이들은 나더러 세세한 내용을 기억해내라 졸랐다. 끊겼던 이야기는 정확히 같은 지점에서 시작하라고 요구했다. 그때 나는 고작 삼십 분 내지 한 시간에 불과한 그 시간이 얼마나 중요한지 깨달았다. 나는 오버럴이라는 인물을 내세워 내가 자라면서 간직해온 기억과 아끼던 이야깃거리를 아이들에게 소개할 수 있었다. 아이들도 자기의 두려움과 불안을 배경으로 모험담의 뼈대를 만들 수 있었다. 우리는 함께 모험의 항해에 올랐으며, 가능하겠다 싶은 일에 상상을 입혀 세상을 꾸며낼 수 있었다. 등장인물이 죽지 않는 한 우리는 어떠한 제약도 없이 세상을 상상하고 능력을 시험할 수 있었다. 나는 딱히 마땅한 소재가 없는 날에도 아이들의 간청에 이끌려 이야기를 만들어냈다. 그러면 아이들은 이야기에 기운을 불어넣고 온갖 세세한 내용까지 끄집어내 생생한 세계를 구현했다. 때때로 나의 상상력이 바닥을 드러내면, 아이들도 이야기에 가담해 나름의 세계를 만드는 데 일조했다.

십오 년도 더 지난 지금, 이야기의 자잘한 내용은 기억에 남아 있지 않지만 미미, 투투, 쟈하와 마찬가지로 오버럴도 아이들 모두의 기억 속에 생생히 남아 있다. 그때의 이야기로 만들어진 유대의 고리는 어떤 점에서는 마법과도 같았다. 아이들은 강하다는 것이 무엇인지 실험할 수 있었고, 나는 조부모님을 기념하며 그분들 세계의 일부를 아이들에게 전수할 수 있었다. 게다가 우리 넷은 무한한 가능성의 세계에 들어가, 세상이 꼭 기존의 방식대로 돌아갈 필요가 없고 우리가 세상을 변화시킬 힘을 발휘할 수 있다는 인식을 간직할 수 있었다.

희망의 근원은 어디인가

아이들을 가르칠 때 나는 기운이 솟는 이야기를 들려주려고 노력하며, 학생들이 자기 고유의 이야기를 짓고 상상력을 불어넣도록 고무한다. 역경의 시기, 애써 이야기하거나 이야기에 귀 기울일 여유조차 없는 시기에 사람들은 상상력을 도외시하고 사라지는 희망을 붙잡지 않는다. 나는 수업시간에 형식적인 학습 대신 이야기 들려주기를 주저해본 적이 없고, 그 덕분에 학생의 삶이 더욱 풍성해졌다고 믿는다. 희망의 씨를 뿌리는 일은 가르침이라는 예술이자 기교의 핵심이다.

교사 자신 안에 희망을 만들고 학생 안의 희망을 키우거나 그 불을 지피는 행위는 오늘날 교육자가 마주한 이슈의 핵심이다. 삼십 년에 걸친 교직 생활과 공교육 개혁을 위한 노력, 그와 더불어 희망이라는 기틀을 세우는 작업을 해오면서, 나는 내 희망의 근원, 절망과 포기라는 유혹을 뿌리친 싸움의 근원을 검토해야 했다. 그 근원은 브롱크스로, 가면의 기수와 문신한 사나이로 돌아간다. 또한 그 시절 내 삶에 왔다 지나간 어른들에게로 돌아가며, 그들의 영향은 마치 지금 내게 시가 하는 역할과 흡사하다. 시란 이미지의 근원으로서, 나의 감수성을 일깨우고 내가 평소 세상을 바라보던 방식을 가능성이라는 새로운 이미지로 고쳐 보게 하기 때문이다.

일주일에 두세 번씩은 우리 동네를 지나며 "헌 옷 사요"를 외치던 노인이 떠오른다. 그때 나는 일고여덟 살쯤이었을 것이다. 넝마 보따리에 끈을 묶어 등에 지고 다니던 그를 나는 마법을 부리는 곱사등이일거라 생각했다. 비록 내가 만든 이미지가 그의 실제 삶과 얼마나 닮았는지 알 길은 없지만, 나는 오랫동안 그에 대한 기억과 그의 삶에 대한 이야기를 조합해 보았다. 내 기억에 그의 목소리는 카랑카랑했고, 코는 길고 좁았으며, 손은 꾀죄죄하긴 해도 섬세해 보였다.

우리 동네를 오가는 도붓장수는 그 말고도 여럿 있었다. 그러나 등에 숫돌을 메고 다니며 날붙이를 갈아주던 남자를 제외하면, 발품을 들이는 사람은 그가 유일했다. 빙과를 팔던 남자는 지친 말을 데리고 다녔는데, 동네 노인들은 그 모습을 농담거리로 삼곤 했다. 이탈리아 청과상은 마차를 몰고 나타나 사과와 복숭아와 양파 냄새, 신선한 흙내를 폴폴 풍기고 다녔다. 계란과 버터를 팔던 남자는 비교적 신식이어서 자기 생산품을 스테이션왜건에 싣고 시 외곽과 브롱크스를 오갔다.

"헌 옷 사요"를 외치던 그 노인은 내가 가장 좋아하던 사람이다. 나는 조금만 대담하게 굴면 말도 나눌 수 있을 정도로 그의 뒤에 바짝 붙어서 따라다녔다. 다른 꼬맹이들은 멀찍이 떨어져서 그를 놀려대기만 했다. 아이들은 이 노인이 망태 할아범이라며 가까이 가기를 두려워했다. 어른들이 말하기를 망태 할아범은 우리가 무슨 일을 하는지 다 알고 있다가 불시에 나타나 저주를 내리고 해코지하는 존재였다. 부모님 세대의 어른은 그를 악마 취급하고 수치로 여겼다. 그 또한 우리와 같은 유대인이었으나 어른 눈에도 구닥다리 같았고, 너무 가난한 데다 자신의 행상이 부끄러운 줄도 모르고 다닌다는 게 그 이유였다. 우리는 이 게토(역사적으로 유대인을 격리한 거주 구역을 뜻하는 말이었으나, 현대에 와서는 소수 집단이 밀집해 거주하는 지역을 의미하기도 한다.—옮긴이)를 벗어나 대학을 나오고 번듯한 직업을 얻어야 하는 세대였기 때문에, 부모들의 기준에 그는 본받을 만한 대상이 아니었다.

나 역시 겁나기는 마찬가지였으나 그가 좋았다. 그는 자신에게 쏟아진 경멸과 조롱과 놀림에도 전혀 개의치 않는 듯 보였기 때문이다. 그에게는 내가 알고 싶은 비밀이 있었기에 나는

선생님께는 배우지 않을 거예요

두려움을 무릅쓰고 그에게 말을 걸어보기로 마음먹었다. 내가 정말 그렇게 했는지는 기억나지 않지만, 내가 사춘기에 접어든 어느 순간 우리가 나누었을 법한 짤막한 대화가 떠올랐으며, 그것은 아직도 내 기억에 남아 있다. 나는 그에게 당신이 사러 다니는게 무엇인지는 알고 있다며, 혹시 파는 것도 있냐고 물었는데, 그는 이렇게 대답했다. "희망이지. 나는 희망을 팔아."

그는 희망을 파는 사람이었다. 희망이란 팔거나 가르치거나 퍼뜨릴 수 있는 것이다. 가장 기이하고 살아날 가능성이 없어 보이는 장소에서도 살아남을 수 있는 것이다. 희망은 사라지지 않는 힘이다. 나는 그 사실을 결코 잊어본 적이 없다. 나는 현실을 파는 자들의 냉소에 맞설 수단으로 이 생각을 품고 다닌다. 현실주의자에게 동정은 나약한 인간이나 하는 것이며, 희망과 정의는 착각에 불과한 것이고, 그들은 이런 생각을 퍼뜨리려 한다. 희망에 대한 신념은 내 가르침과 글의 원칙이며, 지난 삼십 년에 걸쳐 내가 관여한 투쟁의 도덕적 근거이기도 하다.

"헌 옷 사는" 교사, 즉 희망전도사로서 교사의 이미지에서 나는 여전히 즐거움을 찾는다. 1970년대에 나는 전국 방방곡곡에 방랑 독서 교사를 파견해 그들이 문맹 문제를 해결하고 해당 지역의 빈곤 퇴치에 나서게 하겠다는 환상을 품기도 했다.

방랑 교사가 거리에, 공원에, 시장에, 동네 농구장에, 학교 앞에 터를 잡아 읽기 교실을 열고 글쓰기 지도를 하며 희망을 전도한다는 내용이었다.

정규 기관 밖에서 일어나는 교육과 배움, 기관에서 사람을 규정하는 방식에 대한 고민이 있어야 한다. 그래야 사람에게서 내면의 힘을 알아보고 그가 겪는 실패와 절망 너머를 볼 수 있다. 세상이 지금보다 더 윤리적인 곳이라 가정하고 그런 세상에서 아이들이 과연 어떻게 될 것인지 헤아려본다면 이 말은 꼭 맞아 떨어진다. 아이를 보더라도 그 아이의 본모습이나 장차 무엇이 될지 헤아리며 보는 것은 단순한 중립적 행위와는 다른 것이다. 올바른 객관식 평가나 실험 상황을 찾아내는 문제와도 차원이 다르다. 누군가에서 무언가 보이는 것이 있다면 그것은 그에게서 그런 점을 보고자 하는 마음이 있기 때문이다. 아이에게서 약점, 실패, 문제점, 부족한 점을 찾으려 한다면, 그것들을 모두 발견하게 될 것이다. 아이를 환경이나 경제적 지위라는 필터로 걸러 보고 자신의 문화·젠더·인종적 편견을 필터로 해서 판단한다면, 예상한 대로의 특성이 나타날 것이다. 그렇게 해서 실패를 재생산하는 역할을 수행하여 어떤 아이에게서는 반항심을, 어떤 아이에게서는 헛된 우월의식을 길러주는 역할에 충실해지게 된다. 반면, 아이 내면의 힘을 찾으려 하고 희망이라는 프리즘으로 세상을 투영한다면, 가장 절망적인 곳에서 아이의 삶이 예기치 않게 만개하는 장면을 목격하고 또 그런 순간을 앞당기게 될 것이다.

희망이 있으면 아이들은 자신의 가치를 적극적으로 창조하는 사람이 될 수 있다. 희망이 있으면 도덕적 선택의 결과를 두고 시험하는 것도 가능하다. 다섯 살짜리 아이도 현실에 맞서는 방식이 있고, 자기 나름의 의견과 가치를 마음에 품을 수 있다. 자기가 겪은 현실을 넘어서는 삶의 방식도 있다. 다섯 살이 되면 아이들은 선택의 가능성과 자신을 만드는 능력에 눈을 뜬다. 그 능력이란 태어나 속한 세상에 자신을 완전히 내맡기기보다 부모나 친구의 것과는 다른 세상과 문화 속에 존재할 나름의 방식을 창조하는 힘이다. 아이로 하여금 희망을 품게 하고, 가장 억압적이고 불리한 상황조차 절대적인 것은 아니라는 믿음으로 이끄는 열쇠는 바로 현재의 세상 너머 다른 세상을 상상할 수 있는 힘이다.

6년 쯤 전, 교실 한 칸짜리 학교에서 가르치던 시절, 유치원생이던 캐런이 바로 그런 희망의 힘을 보여주었다. 나는 캐런을 통해 그 어린 삶에 희망으로 생겨난 상상의 세계를 볼 수 있었다. 4월 즈음에 캐런은 점심시간을 보내러 집으로 가기 직전이 되면 어김없이 학교 밖으로 달아났다. 캐런은 학교 근처에 살았는데, 엄마가 보지 않는 것을 확인한 순간 집을 몰래 지나쳐 거리로 내달리곤 했다. 점심 때 아이를 데려가기 위해 학교로 온 엄마에게 아이를 넘겨주려면, 나는 만사 제쳐두고 캐런을 쫓아가 학교로 데려와야 했다. 캐런을 달래 걸어가기가 쉽지 않았으므로, 나는 어쩔 수 없이 울고 발버둥치는 캐런을 들어올려 학교 옆 공터까지 데려갔다. 나는 그곳에서 캐런을 달랜 후 아이의 손을 잡고 다시 학교로 걸어왔다.

이런 일이 몇 번 거듭되어, 나는 아이가 의식을 치르듯 도망치는 행위를 멈추게 할 방안을 찾아보려고 오전에 캐런과 따로 이야기를 나눠보려 했다. 캐런은 한사코 거부했지만, 나는 캐런의 어머니가 최근에 남자 친구와 헤어져 기분이 안 좋다는 사실을 알아냈다. 캐런에게는 가출하려는 이유가 있었지만, 모녀 사이에는 힘든 시기를 함께 견뎌온 끈끈하고 따뜻한 유대 또한 있었다. 도망치는 시늉은 더 좋은 삶을 그려내고 상상 속에서나마 현실을 개조해보는 나름의 방편이었던 것이다. 나는 캐런의 엄마를 만나 상황을 호전시키는 데 도움이 될 만한 이

선생님께는 배우지 않을 거예요

야기를 해봐야겠다고 마음먹었다. 나는 그녀를 알고 있었기에 그녀의 분노와 상실감이 가라앉으면 두 사람이 다시 잘 지낼 것이라 확신했다. 학대가 아니었으므로 관련 복지기관이나 제3 자에게 의뢰하기보다는 둘이서 이 폭풍을 잘 헤쳐나가도록 힘을 실어주는 편이 낫겠다고 생각했다.

그 후 며칠이 지난 어느 날 오후, 캐런이 내게 와서는 대뜸 아래의 그림을 건네주었다.

그러고 나서 이 그림의 배경 이야기를 들려주었다. 캐런은

숲으로 들어가 혼자 살 거라고 이야기했다. 짐마차를 만들고 엄마가 없을 때를 기다렸다가 사람들의 도움을 받아 그 위에 집을 얹을 것이라고 했다. 그러면 키우던 개를 그 집 안에 태우고 숲까지 짐마차를 끌고 가 그곳에서 개와 단 둘이 다툼 없이 행복하게 살 수 있을 것이라고 했다. 캐런은 평화와 애정이 넘치는 숲속 자신의 세상을 상상 속에 온전히 그려냈다. 캐런은 엄마가 새 집을 지어야 할 거라고도 덧붙였다.

그날, 캐런은 도망가지 않았다. 캐런은 자기의 계획과 그림, 숲속에 상상한 세상을 마음속에 담아두었다며 숲의 그림과 그 숲속에 있는 자기의 집도 그렸다. 나는 캐런에게 그 그림과 계획에 관한 이야기를 엄마와 나누어보면 어떻겠냐고 물어보았다. 그 무렵에는 캐런의 엄마도 아이와의 갈등에 대해 차분히 대화를 나눌 수 있을 정도로 진정된 상태였다. 캐런이 집 안에서 벌어지는 일을 감당하기 힘든데도 불구하고 그토록 집을 사랑한다는 사실에 캐런의 엄마인 테레사의 마음이 열리는 장면은 감동적이었다. 테레사는 자신의 혼란한 상황 때문에 캐런이 얼마나 힘겨워했는지 알게 되었고, 이로써 둘이 마음을 터놓고 함께 사는 이야기를 나눌 수 있게 되었다. 다섯 살짜리 아이라고 해서 그런 신뢰와 책임을 감당하지 못하리라는 법은 없다.

캐런의 상상 속 여행 덕에 나도 가면의 기수와 함께한 모험이 떠올랐다. 내 꿈속의 스승은 어린 아이들을 구하고 보살펴면서도 꿋꿋하게 크도록 지켜보았다. 어린 아이들을 가르치는 교사가 되겠다는 나의 꿈이 가면의 기수에게 보내는 존경심, 그를 본받아 자상한 사람이 되고자 하는 나의 바람과 밀접한 연관이 있는 것은 아닌지 가끔 궁금해질 때가 있다. 나에게 새로운 아이들이나 새 학급 혹은 새 학교와의 만남은 그동안 내가 겪은 그 어떤 여행보다 더 흥미진진하고 의욕을 돋우는 모험이다.

환상과 현실의 거리 좁히기

내가 열한두 살 무렵, 가면의 기수는 사라지고 하워드 피즈의 전집과 함께하는 밤샘 독서가 그 자리를 대신했다. 《문신한 사나이》로는 성에 차지 않아서 《불길한 배 *Jinx Ship*》, 《위기의 한가운데 *Heart of Danger*》, 《상하이 항로 *Shanghai Passage*》를 비롯해 이루 다 기억하지 못할 만큼 다양한 피즈의 책을 섭렵했다. 나는 피즈의 책에 대해 아무에게도 말하지 않았고, 독후감도 쓰지 않았다. 때로는 두세 번씩 읽었다. 책의 내용을 누군가와 나누기보다 내 기억 속에 남겨야 하겠다는 간절한 욕구가 있었다.

나는 그 책들을 이야기로서 좋아했고 글쓰기의 본으로 삼아 공부했다. 책을 읽다가 사람들이 책을 이렇게 쓴다면 나처럼 평범한 사람도 책을 쓸 수 있겠다는 생각이 뇌리를 스쳤다. 대수롭지 않게 들릴 수도 있겠지만, 내가 아는 한 우리 가족 가운데 책을 내거나 글쓰기를 갈망한 사람은 아무도 없었다. 내가 아주드물게 글쓰기에 대한 관심을 가족 앞에서 내비치면, 글은 취미로 충분하니 열심히 공부해서 어느 방면의 전문가가 될 준비를하라는 소리를 들었다. 부모님과 조부모님은 내가 장래에 경제적으로 고생하지 않았으면 하는 마음에 전문적인 기술을 익히기를 바라셨다.

온 동네를 삼킨 불안과 슬픔이 가시지 않던 시절이었다. 2차대전이 연합군의 승리로 끝나면서 미국 전체에 희열이 퍼졌다고는 하나, 내가 나고 자란 노동자 계급의 유대인 동네에서는고통과 의심이 멈추지 않았다. 전쟁의 상처가 아물지 않은 것이다. 사람들은 난민 수용소에 살아 있을지도 모르는 친척을찾아 헤맸고, 소식을 기다리는 와중에 강제 수용소에서 죽었다는 비보를 접하기도 했다. 팔레스타인에 유대인 국가를 세우려는 전쟁에 참가하는 문제로 고심하기도 했다. 유럽에서의전쟁을 마치고 돌아온 이웃집 남자는 불과 몇 달 후에 팔레스

　　　　　　　　　　선생님께는 배우지 않을 거예요

타인으로 다시 떠났다. 그는 친구들 사이에서 영웅으로 불렸지만, 그의 죽음만큼은 슬픔 위에 얹어진 또다른 슬픔일 뿐이었다. 2차 대전이 끝난 후에도, 나와 친구들은 1940년대 초에 만들어낸 전쟁놀이를 계속 이어갔다. 이제부터 우리의 적은 영국이라는 점만 달랐다.(2차 대전 후 시오니즘 무장단체들이 팔레스타인을 위임통치하던 영국을 대상으로 테러를 일으켰다. 영국은 1947년 팔레스타인에서 손을 뗐고 이후 시오니스트는 본격적으로 전쟁을 벌여 1948년 이스라엘 건국을 선언했다.-옮긴이)

40년대 후반과 50년대 초에는 매카시즘과 빨갱이 사냥의 광풍이 불어닥치면서 브롱크스의 삶에 쓰라린 기운이 더해졌다. 부모님과 그 동료들은 대공황 시기에 공산당원이었거나 사회주의 내지 공산주의 사상에 동조한 전력이 있었다. 1950년대에 접어들자 그들은 고립과 포위, 실직의 처지를 실감하며 자녀의 장래를 걱정하고, FBI와 정부의 박해로 가족의 삶이 파괴되지 않을까 불안에 휩싸였다. 이제 막 소소한 자영업이 번창하고 노조를 통해 제대로 된 임금을 받는 기쁨도 잠시, 주변인의 신세에서 벗어나려는 그들을 보호해주리라 굳게 믿었던 국가에게 적으로 내몰렸다.

부모들은 빨갱이몰이의 위협에서 아이들을 지키려 안간힘을 쓰고, 난민 수용소에 있다던 가족 친지의 사망이나 실종으로 인한 슬픔이 아이들에게 침투하지 않도록 주의를 기울였다. 열 살 무렵, 나는 부모들을 비통한 심정에 빠뜨린 문제의 존재를 어렴풋이 눈치 챘고, 그들이 팔레스타인에서의 투쟁에 한 가닥 희망을 걸었다는 사실도 알았다. 우리 집에서는 아이들 앞에서 어른의 문제를 꺼내는 일이 금기시되었으나 그 여과망으로도 걸러내지 못한 것이 있었다. 불확실한 상황과 그로 인한 불안, 강제 수용소의 아픔과 빨갱이 사냥으로 폭발하기 직전인 분노, 30년대에 미국이 유럽의 유대인을 저버렸듯이 자국의 유대인 시민을 포기할지도 모른다는 두려움이 그 여과망을 침투해 내게도 스며들었다. 게다가 쉬쉬하는 일이 너무도 많았기에, 나는 어른들의 절망에 내가 어느 정도 책임이 있다고 자책하기까지 했다. 급기야 부모님과 조부모님의 행복에 역행하는 세력에 내가 연루되어 있다는 막연한 죄책감까지 겹쳐 천식 증세와 불안은 더욱 심해졌다.

고등학생이 되어 부모님이 느꼈던 불안을 이해하기 시작하면서, 장차 내 아이들에게는 감정을 숨기지 말자고 다짐했다. 나중에야 깨달은 사실이지만 그런 결심은 당시 상상했던 것보다 실행에 옮기기 훨씬 어려운 일이었다. 그래도 나는 내 아이

선생님께는 배우지 않을 거예요

들을 실체 없는 불안에 떨게 하고 싶지 않았다. 가면의 기수나 가출에 대한 환상으로 즐거운 시간을 보낼 때면 그런 불안이 나를 어김없이 밀려드는 죄책감으로 이끌었던 것이다. 최대한 기억을 떠올려보면 나는 그럭저럭 내 자아에 벽을 두르고 그 보호 속에 즐거움을 누려오기는 했지만, 순수한 기쁨을 누리는 데 따르는 죄책감은 여전히 떨쳐내지 못했다.

　나는 가면의 기수라는 환상에서 자유를 느꼈으나, 내 중요한 일부가 집 안에서 질식당하고 있다는 의식을 막지는 못했다. 천식 발작이 덮쳐올 때면 이런 의식은 유독 강렬해졌다. 어느 날 밤의 기억이 아직도 선하다. 나는 가면의 기수를 잃는 꿈을 꾸다 극심한 발작이 찾아와 깨어났다. 그는 당분간 내가 감당할 수 없는 모험을 떠난다며 작별을 고했다. 부모님이 내 방으로 급히 들어와 약을 먹였다. 큰 발작을 덜어주는 강한 약이어서 나는 약기운 탓에 하루 이틀간은 기진맥진하고 예민한 상태로 지내야 했다. 그 일 이후, 부모님은 발작이 잦아들 때까지 나를 당신들의 사이에 두고 재웠다. 부모님의 넘치는 사랑 속에 질식할 것만 같던 고통도 숨을 죽였다. 당신들의 사랑, 나의 호흡과 밭은 숨에 대한 당신들의 걱정은 겁이 날 만큼 대단했다.

그렇다고 그 시절의 모든 것이 암울하기만 한 것은 아니었다. 나는 적당히 잘나가는 만화책 절도단의 일원이었고, 비밀 클럽 소속으로 토요일마다 맨해튼으로 출정을 다니며 시골 아이들이 숲을 뒤지듯이 마냥 메이시즈 백화점, 김블즈 백화점, 길버트 과학관을 누볐다. 그러다가 메이시즈 백화점에서 한 여인과 친해졌다. 인기곡을 연주하며 악보를 팔던 그녀는 그랜드 피아노 앞에 나를 앉히고 악보대로 멜로디를 연주하는 법을 가르쳐주었다. 성인 여가용품 매장에서 공짜로 체스 레슨을 받기도 했다. 친구인 줄스와 레온에게 김블즈 백화점의 우표 매장에서 돈이 되는 우표를 슬쩍하는 요령을 배우기도 했다. 우리 부모님이라면 결코 감당하지 못할 물건을 소개하고 파는 놀라운 점원들에게서 온갖 잡다한 것을 배우며 백화점에서 시간을 보냈다. 나는 책과 게임, 장난감 매장을 특히 좋아해서 그곳의 판매원들과는 이름으로 인사할 정도로 친해지기도 했다. 그들은 매장이 한산할 때는 내가 물건을 만져도 전혀 괘념치 않았다.

그때의 경험으로 나는 학교생활의 권태를 이겨냈고, 참스승과 배움터를 찾는 법도 배웠다. 나의 교육을 내가 의식적으로 주도할 수도 있겠다는 생각을 처음 한 것도 그 무렵이었다. 서

선생님께는 배우지 않을 거예요

점과 장난감 가게, 백화점은 여전히 내 교육적 사고와 글감의 공급처로 남아 있다. 그때부터 나는 일찌감치 학교교육과 배움을 혼동하지 말아야 한다는 점을 깨우치고 있었다. 배움이란 적어도 학교 안에서 일어나는 만큼은 학교 밖에서도 일어나기 마련이니 말이다.

집에서는 조부모님과 그 친구분들에게서도 배웠는데 그중에 정규 교육을 받은 분은 아무도 없었다. 그분들은 이야기를 들려주고, 노조 정책과 유럽에 있는 고국의 끔찍한 정세, 동네 이디시어 극장의 최신 상영작에 대해 논했다. 당신들 삶에서 가장 중요한 것은 더 나은 삶을 향한 노동자의 투쟁이었다. 조부모님은 노동자회Workmen's Circle(사회·경제적 정의와 문화 발전을 도모할 목적으로 설립된 비영리 유대인 단체-옮긴이)와 노조 활동에 적극적이었다. 위험을 무릅쓰고 억압적 환경에 맞서려는 당신들의 열정과 헌신에서 나는 "하지 않겠다I won't"라는 말 속의 존엄과 힘을 확인했다. 순응이 곧 불의에 대한 묵인을 의미하던 시기에 순응을 거부하는 행위는 그만큼 쉽지 않았기 때문이다. 학교교육을 지성이나 정직함으로 착각하지 말아야 한다는 점을 깨달은 것도 그때부터다.

작은할아버지 줄리어스 말라무드는 타인의 성장을 돕는 경이로운 일에 영감을 준 최초의 스승이었다. 할아버지는 어린 시절에 빈 오페라단의 합창단원이었고, 1차 대전 전까지 빈에서 고등학교를 다녔다. 1918년 젊은 나이에 급진적 정치단체에 가담한 유대인으로서 신변의 위협을 피해 미국으로 건너왔다. 미국에서 웨이터로 자리 잡고 호텔·식당 종업원 노조의 조직에도 관여했다. 열한 살 무렵의 나는 토요일마다 아코디언 레슨을 마치고 나서 줄리어스 할아버지를 만나곤 했다.

그 시절 줄리어스 할아버지는 맨해튼의 24번가를 돌아 매디슨 애버뉴에 있는 작은 유대인 식당에서 웨이터로 일했다. 당시 제복을 입은 그의 차림이 생각난다. 까만 바지, 까만 나비넥타이, 흰 셔츠, 까만 조끼, 한 팔에 반듯이 접어 두른 새하얀 타월. 격식을 갖춰 입은 그의 모습에서 당신이 그토록 사랑하는 오페라에 가는 것이겠거니 하는 생각이 들기도 했다.

줄리어스 할아버지의 수업은 손님들 틈바구니에 섞여 훈제 쇠고기 샌드위치를 나르고 계산하며, 노조에 관해 단골과 나누던 이야기가 간간이 끊기는 와중에도 일어났다. 나는 식당의 별실에 놓인 할아버지의 축음기 옆에 앉아 당신이 나를 위해 특별히 걸어둔 음악을 들었다. 어느 날에는 축음기의 바늘을 따라 〈라보엠〉이 흘러나오는가 하면, 또 다른 날에는 백인 작곡가 얼 로빈슨의 〈미국인을 위한 발라드〉가 아프리카계 미국인 가수 폴 로브슨Paul Robeson(민권 운동에 가담하고 공산주의에 동조하며 미국 정책을 비판하여 매카시즘의 표적이 되기도 했다.-옮긴이)의 음성을 타고 흘러나왔다. 줄리어스 할아버지는 짬이 날 때마다 음악에 담긴 사회·예술적 가치나 파리 예술가의 삶, 사회·경제적 정의 구현에서 인종을 초월한 단결의 중요성 같은 다방면의 주제로 이야기를 들려주었다. 할아버지는 또한 맥스 이스트먼Max Eastman(미국의 급진적 저술가. 소련의 정치적 암투에 회의를 느껴 후에 시장 경제 옹호와 반공주의로 전향했다.-옮긴이)이 쓴 마르크스의 《자본론》 요약본을 주었고, 그 내용을 나와 함께 토론하기도 했다. 할아버지는 내게 체스를 가르치면서 몇 수 앞을 내다보는 요령도 가르쳐주셨다. 처음에는 체계 없이 즉흥적인 느낌이 강했는데, 이내 본격적으로 학문, 사회, 정치 분야를 오가는 교육이 시작됐다. 이처럼 학생을 다양한 영역으로 인도하고, 과목과 주제의 경계를 넘나들며, 배운 내용을 도덕적·사회적 대의와 연결하는 작업의 중요성을, 나는 후에 교사가 되고 나서야 깨닫게 되었다.

배움의 기쁨과 배우는 이의 신뢰가 얼마나 중요한지도 줄리어스 할아버지에게서 배웠다. 할아버지는 당신의 지식을 흔쾌히 전수하고 내가 당신을 뛰어넘어 성장하도록 아낌없는 지지를 보냈다. 당신의 말년에 내가 교직을 맡으며 글도 쓰게 되자, 할아버지는 내가 당신께 배운 내용을 다른 이와 나눌 줄 알게 되었다며 자랑스러워하셨다.

함께하는 시간이 전부다

하워드 피즈의 소설 이야기를 꽁꽁 숨겨둔 것처럼, 나는 줄리어스 할아버지와의 만남도 입 밖에 내지 않았다. 그들은 나만의 특별한 비밀이자 영감의 원천이었다. 그러다 누군가를 가르칠 기회가 처음으로 찾아왔을 때 그 제안을 선뜻 받아들였다. 고등학교 1학년 때의 일이었다. 당시 화학 교사였던 클라인싱어 선생님이 어느 날 나를 불러 자기 아들에게 읽기를 가르쳐보겠냐고 물어보았다. 가르침은 평소 내가 우러러보던 재능이었던 데다 줄리어스 할아버지와의 경험 이후 나는 반드시 학교의 교사가 될 필요는 없더라도 가르치는 것에 대해서는 진지하게 생각하고 있었다.

그래도 막상 클라인싱어 선생님이 아들인 로버트를 가르쳐보라고 부탁하자, 우쭐한 마음보다는 두려움이 앞섰다. 나는 읽기 지도라는 개념도 몰랐고, 선생님이 왜 하필이면 나를 지

목했는지도 도통 알 수 없었다. 나는 결국 그 부탁을 받아들였다. 놀랍게도, 로버트는 나보다 한 살 위였으며 이미 읽을 줄도 알았다. 알고 보니 그는 나보다 독서의 폭도 넓고 수준도 깊었다. 그러나 로버트는 심한 뇌성마비로 인해 살고 있는 아파트 밖을 나설 수 없었고, 친구도 하나 없었다. 말동무이자 친구이며 또래 학습자로서 나의 첫 가르침이 시작된 셈이었다. 로버트에게 우리가 함께 보낸 시간이 유익했는지 알 길은 없으나, 내 입장에서는 장차 나의 발전에 중추적 역할을 하게 될 힘과 에너지를 끄집어내는 계기가 되었다. 나는 여전히 그 힘의 성질과 에너지의 근원이 과연 무엇이었는지 헤아려보고 있다. 40년이 지나 우리가 함께 지낸 시간을 회상해보면 내 기억 속에 강하게 남아 있는 것은, 로버트는 분명 선명하게 인식하고 느끼고 사고 했지만, 신체적·생리적 자아에 갇혀 있어 소통하기 위해서는 일그러진 신음소리와 몸짓으로 힘겹게 노력해야 했던 모습이다. 그의 얼굴을 바라보고 그의 눈을 통해 투사된 강렬한 지성을 느끼는 순간, 알아들을 수 없을 것만 같던 그의 언어가 사실상 내가 배워야 하고 결국엔 배우게 된 새로운 언어라는 사실이 명백해졌다.

로버트와 함께한 시간 동안 나는 소리와 몸짓을 넘어, 말투와 어법을 넘어, 외양에 가려 미처 보이지 않던 힘과 꿈을 드러내는 인간 내면의 심오한 그 무언가를 들여다보는 법을 배웠다. 또한 용기와 인내에 대해서도 배웠다. 로버트는 아주 재미있고 친절했다. 그를 편하게 대하지 못하는 나를 잘 견뎌주었다. 오래지 않아 나는 그가 자신은 물론 자기의 증세를 지능 문제로 착각한 사람들에 대해 던지는 농담에 맞장구도 칠 정도가 되었다. 우리는 가까워졌고, 서로의 세상에 일부가 되었다.

그는 시간을 내어 책을 읽고 그 내용을 깊이 사색한 후 자신의 통찰과 의문을 적극적으로 나누고자 했기에 나는 그에게서 많은 것을 배울 수 있었다. 하지만 그에게 나는 무엇을 가르쳐주었나? 우리가 맺은 관계의 그 무엇이 내 안의 교사를 끄집어낸 걸까? 나는 그것이 내가 그에게서 얻은 희열이었다고 믿는다. 내게 닿으려 손을 내밀고, 그 경험을 발판으로 다른 이에게 닿으려 애쓰는 그에게 힘을 보태면서 나는 희열을 맛보았다. 그가 자신에게도 다른 이들과 함께할 자리가 있음을, 다른 이의 마음속에 들어간다는 것을, 그리고 자신의 존재를 점점 희망적으로 느끼고 있음을 나도 느낄 수 있었다. 그의 유머에는 종종 씁쓸하고 자조적인 면도 있었지만 그런 경향은 점차 줄어들었다. 대신 세상 이야기를 하며 농을 던질 줄도 알게 되고 자신은 남에게 무엇을 줄 수 있는지 진지하게 이야기하기 시작했다. 도움만 받는 것을 늘 부담스러워하던 그에게 자신도 무언가를 주는 사람이 될 수 있다는 생각은 새로운 기쁨의 원천이 되었다.

우리의 관계로 내가 새삼 깨달은 점은 사람들이 서로에게 힘을 실어줄 수 있다는 것, 지극히 개인적인 차원에서도 더 나은 세상에 대한 꿈을 키울 수 있으며, 심지어 이런 일이 정치적으로나 사회적으로 불리한 시대에도 가능하다는 것이었다. 이 말은 움츠린 자아의 벽과 낙인으로 인한 오명을 극복하는 것이 가능하다는 점을 의미했다. 우리가 맺은 관계는 절망과 냉소에 직면해서도 희망을 퍼뜨리는 행위가 멋진 삶이라는 신념의 씨앗으로 거듭났다. 지난 40년에 걸쳐 나의 교직과 사고를 지탱한 것은 바로 이 깨달음이다.

문학과 예술, 더 넓은 세상으로의 초대

브롱크스 과학고등학교에 진학하기 전 사춘기에 접어들 무렵, 나는 교육과 관련 없는 다른 종류의 외압에 눌려본 적이 있다. 그 일은 1940년대 초 우리 동네에 출몰해 거리를 주름잡고 다닌 패거리 문화에서 비롯되었다. 평소 나는 길거리 생활에 크게 끌리지 않았으나, 패거리 정서에 어느 정도 맞춰보려고 검은색 군용 재킷과 군화, 주머니칼을 장만해 친구 집 지하실에 모셔두고 다녔다. 아직 중학생에 불과하던 시절, 나는 주말이 되면 부모님과 친척의 눈을 피해 그 차림을 하고 거리로 나섰다. 친구들도 모두 나처럼 하고 다니며 그런 일을 즐기는 눈치였다. 내 삶의 대부분에서 느껴온 대로, 그때 나는 내가 속한 세상의 일부인 동시에 별개의 존재인 듯한 기분이 들었다. 패거리의 일원 같은 차림새는 흡사 무대 의상과도 같았다. 나의 힘을 과시하려는 상징이 아니라 다른 이들과 함께 무대 위 등장인물이 되고 싶다는 바람을 드러내는 증거였다. 연극 자체가 무시무시하고 혐오스럽더라도 함께 무대 위에 오를 수 있다면 참을 수 있었다.

한번은 친구들과 어울려 유니버시티 애버뉴와 트레몬트 애버뉴를 어슬렁거리고 다녔다. 그즈음 패싸움에 대한 소문이 자자했고, 우리 동네를 본거지로 하는 이탈리아인 패거리나 아일랜드인 무리는 할렘에서 브롱크스로 진출하려는 푸에르토리코인이나 아프리카계 미국인 무리에게 으름장을 놓고 다녔다. 그때는 1949년이었고, 패싸움의 도구도 전쟁이 끝나고 넘쳐나던 군수품이었다. 나와 친구들은 그런 분위기에서 푸에르토리코

패거리와 마주쳤다. 자세히 말하면 우리가 골목을 어슬렁거릴 때 마침 버스에서 내리던 패거리 일곱 명이 우리를 보고 한판 뜰 준비가 되어있느냐고 도발했던 것이다. 그중 한 명이 나를 노려보더니 대뜸 나를 찍었다고 쏘아붙였다. 분명 내가 자신감도 경험도 없는 풋내기라는 점을 눈치 챘으리라. 그는 곧장 나와 눈싸움에 들어갔다. 나도 시선 피하기를 거부하고 무척이나 길게 느껴진 시간 동안 그의 눈을 똑바로 노려보다가 결국 눈을 돌리고 말았다. 말 한마디나 공기를 가르는 주먹질 하나 없이, 그는 승리를 거머쥐었다. 친구들도 나보다 조금 더 오래 끌기는 했으나, 결국 우리의 처참한 패배로 끝났다. 우리는 우리 영역이라 생각했던 골목에서 치욕스럽게 빠져나왔다. 그해 말, 조지와 잰을 제외한 우리 모두는 군용 재킷과 군화를 벗고 패거리 흉내를 그만두었다. 나는 주머니칼만은 버리지 않고 내 방에 숨겨두었다. 조지와 잰은 이탈리아 패거리로 들어갔다.

나는 체면이 구겨져 오히려 기뻤다. 그 일로 홀가분해졌다. 이제 세 보이려고 싸우는 척할 필요도 없었다. 원치 않는 방식으로 강해지려고 마음에도 없는 말을 할 필요도 없었다. 무엇보다도 이길 마음도 없는 싸움에 휘말리거나 이기는 것만 중요시하는 누군가의 만족을 위해 공개적인 힘겨루기에 내몰리지 않을 수 있었다.

열 살 무렵, 나는 가족과 브롱크스와 거리의 모든 생활 방식을 떠나 낭만적이고 소박한 세상을 새로 만들어야겠다고 생각했다. 나의 환상은 신록과 구름과 흐르는 물소리로 가득했고, 그 안의 사람들은 언제나 상처받는 일 없이 지냈다. 그 어린 시절, 내가 긍정적으로 변하고 삶을 낙관적으로 바라볼 수 있는 유일한 길은 도망치는 것뿐이라 생각한 적도 여러 번 있었다. 그러나 나는 그러지 않았다.

나는 할 수 있는 한 가면의 기수에 매달렸으나, 사춘기와 함께 가면의 기수는 내 꿈속에서 훌쩍 떠나버렸다. 바로 그 무렵 토드 모런과 《문신한 사나이》를 발견한 것이다. 토드 모런과의 조우는 가면의 기수와의 만남과는 질적으로 차이가 있었으나, 그 안에는 여전히 친밀함과 절박함이 담겨 있었다. 토드가 바다에서 맞이한 첫날 밤은 마치 집을 벗어난 나의 첫 항해처럼 느껴져서, 지금도 《문신한 사나이》에서 하워드 피즈가 소개하는 애러비호의 항해를 다시 읽을 때면 소름이 돋곤 한다.

그날 아침, [토드] 그는... 대양 화물선의 바닷길에 대해 아는 것이 얼마나 없었던가! 육로의 고속열차 못지않게 신속하고 규칙적으로 항로를 왕복하는 거대한 그레이하운드 쾌속 여객선과 달리, 이 부정기 화물선은 녹슬고 수심 가득한 모습으로 흡사 도깨비불처럼 바다 위를 오가며 예정했던 출발일부터 며칠, 심지어 몇 주 이상을 항해한다. 해도에 표기된 항로를 따르기보다는 공해로 나서며, 큰 배들에게 조롱받은 화물을 선창에 채워 호사스러운 자매선들은 좀처럼 찾지 않는 세상 저편의 항구로 실어 나른다. 선원 또한 기질이 남다른 사내들이다. 그들은 평선원으로서 케이프 혼을 도는 돛배의 삭구를 다루며 뱃기술을 익힌 사람들이다. 케이프 혼, 그곳은 인생이 저렴하고 음식이란 건빵과 소금에 절인 고기가 전부인 곳 아니던가. 그들은 런던 구석구석을 통달한 런던 토박이에 비할 만큼이나 세계 먼 곳의 항구를 속속들이 안다. 그들은 예정된 기항지만 아는 배부른 선원을 경멸의 눈으로 쳐다본다.*

피즈의 글을 읽는 순간 나는 부정기 화물선의 세계를 알 수 있었으며, 이 배를 가면의 기수 같은 환상이 아닌, 책을 매개로 접할 수 있는 실재로 인식했다. 소설을 읽는 것이야말로 내

---

* Howard Pease, *The Tattooed man* (Garden City, NY: Doubleday, 1946), p. 3

가 꾸며내지도, 나의 욕구와 환상에서 불쑥 튀어나오지도 않은 세상으로 들어가는 길이라는 사실을 깨달았다. 나는 소설을 매개로 새로운 시도를 펼칠 수 있는 팔레트를 얻었다. 그 팔레트가 이전에 내가 겪거나 느낀 모든 것 너머로 이끌었다. 토드 모런이 되고 싶다거나 부정기 화물선에 올라 바다로 나가고 싶은 마음을 소설 속 이야기로 달래고자 하지 않았다. 나는《문신한 사나이》를 비롯해 읽기 시작한 여러 소설을 생존 안내서의 일부로, 심리학과 사회학 교재로, 언젠가 내가 떠날 다른 여행에 대한 은유로, 여행기의 일부분으로 받아들였다.

《문신한 사나이》를 읽고 나니, 내가 더 큰 세상에 살고 있다고 느껴졌다. 바다로 나갈 생각을 한 것은 아니었고, 다만 세상은 브롱크스에 한정되지 않으며 밖으로, 보다 넓은 곳으로 나갈 수 있다는 점이 명확해졌다. 게토에서 한번도 살아보지 않은 사람은 그곳의 두드러진 특징 한 가지를 이해하는 데 애먹을 수도 있다. 그것은 바로 세상이 게토에 한정된다는 점이다. 그곳의 골칫거리와 환희, 정치색과 다양성이 팔레트가 되어 사람의 사고에 색을 입히고 제한한다. 토드 모런을 만난 후 나는 캘리포니아를 꿈꾸기 시작했으며, 내가 아는 세상과 다른 세상을 글로써 창조한다는 꿈을 키우기 시작했다.

선생님께는 배우지 않을 거예요

그렇다고 내 가족과 지역사회를 완전히 저버리겠다는 뜻은 아니었다. 그보다는, 나와 브롱크스의 관계에 변화가 필요하다는 것, 이제 그곳을 외부의 시선으로 볼 수 있어야 하며, 배척과 반유대주의의 낙인에서 자유로운 내 자아의 일부를 찾아야겠다는 의미였다. 내 삶의 주도권을 찾고 게토 밖 사람들, 내가 마주쳐야 할 다른 이상과 꿈과 가치가 있는 사람들에게서 오는 배움에 열려 있어야 했다. 브롱크스라는 게토를 규정하고, 우리가 상상 못한 부를 약속한 더 넓은 세상에 대한 이해를 토대로 내가 자란 세상을 재설정해야 함을 의미했다.

나는 줄리어스 할아버지에게 이끌려 오페라를 접했고, 고등학교에서 교향악과 실내악, 그중에서도 모차르트의 음악에 눈떴다. 모차르트의 음악은 계시와도 같았다. 중학생 시절까지 그런 음악을 전혀 모르고 지내다 모차르트의 현악 사중주와 피아노 협주곡을 처음으로 접하는 순간 예기치 못한 압도적 환희에 휩싸이고 말았다. 그런 경험을 한 사람은 나뿐만이 아니었다. 친구인 랄프 리먼Ralph Lehman도 음악 수업을 듣다가 나와 같은 감동에 빠져들었다. 우리 둘은 음악과 수학, 당대의 사상에 대해 많은 이야기를 나누었다. 주말이면 맨해튼의 고서점과 박물관을 함께 떠돌기도 했다. 어느 토요일, 우리는 57번가가 어떤 곳인지 돌아보기로 했다. 57번가에서 96번가에 이르는 맨해튼 북부는 당시의 나에게 미지의 영역이었다. 그때까지 듣도 보도 못한 카네기홀을 랄프와 지나다가 뉴욕 필하모닉이 파울 바두라스코다Paul Badura-Skoda와 협연하는 음악회가 열린다는 사실을 알았다. 바두라스코다는 모차르트의 피아노협주곡 27번을 연주할 예정이었다. '아, 뉴욕에서 모차르트를 연주하다니!' 놀라움으로 가득 찬 내 머릿속은 다음 주에 있을 공연의 입장권을 구할 궁리를 하느라 복잡해졌다. 이번에 표를 구하지 못하면 소중한 기회를 놓치는 것은 말할 것도 없고, 뉴욕에서 모차르트 공연을 다시 보려면 몇 년은 기다려야 할 거라는 생각에 불안해졌다.

실황 연주, 특히 그 콘서트는 모든 기대를 뛰어넘을 만큼 아름다웠다. 어릴 때는 결코 몰랐던 종류의 음악을 비롯해 음악이 내 삶에 변치 않는 기쁨으로 남아 있으니, 그 콘서트는 내 삶의 전기를 불러온 중대한 경험이라 할 수도 있겠다. 자기에게 일상적이고 흔한 경험 차원의 일이 다른 누군가에게는 계시가 될 수도 있다는 사실을 깨닫기는 쉽지 않다. 생생히 연주되는 모차르트와의 첫 만남은 내 교직 생활 내내, 세상이 우리 상상보다 더 크고 아름다운 것이라는 발견의 기쁨을 은유하는 데

선생님께는 배우지 않을 거예요

쓰이곤 했다. 그 만남을 계기로 나는 오랜 시간에 걸쳐 새로운 과목과 주제를 탐구할 수 있었고, 브롱크스 중심의 세계관에서 벗어나 인간의 다양한 창조 행위를 경험할 수 있는 세계관으로 나아갈 수 있었다. 그 다양한 창조란 삶에 복잡성을 가미하며 그만큼 도전을 자극하는 요인이 된다. 나는 또한 무언가를 알 기회가 없다면 그것을 모르는 것이 죄가 아니라는 점을 깨달았다. 그렇기에 나는 학생이 할 수 없거나 모르는 부분을 가지고 학생을 평가하는 것을 거부한다. 교사로서 나의 역할 가운데 하나는 학생의 삶에 복잡성이 스며들게 하고, 시대와 지역을 가리지 않고 새로운 경험과 사고를 전수하는 것이다. 모차르트 와의 만남과 거기에서 얻은 영감은 결코 나 혼자서 얻을 수 있는 게 아니었다. 그리고 나는 아이들이 각자 자신만의 세상을 창조한다고 하는 일부 교육자들과 달리, 개인이 만든 세상은 작고, 아이들은 마음을 활짝 열고 문화와 역사에 마음껏 기여 하며 거기에 연결되어야 한다고 생각한다. 다문화주의를 두려 워하는 태도, 다른 시각으로 세상을 볼 수 있게 하는 배움을 두 려워하는 태도는 나와 모차르트의 조우를 브롱크스에 대한 배 신으로 폄하하는 행위에 가깝다.

　오랜 세월 동안 나는 문학과의 중요한 만남을 여러 차례 경험했다. 고등학생 시절에는 토드 모런의 곁을 떠나 스티븐 디덜러스Stephen Dedalus(제임스 조이스의 《젊은 예술가의 초상》의 주인공 - 옮긴이)를 만났다. 스티븐은 사상의 세계를 여행하고 문학을 자기 영혼의 중심부로 끌어올렸으며, 나와 똑같이 자기 범위 밖의 일을 알고자 하는 갈망이 있었다. 나는 부정기 화물선에 올라 항해하는 꿈을 넘어서 아직 겪어보지 못한 모험을 주제로 언젠가 쓰게 될 책에 대한 꿈으로 부풀었다. 고등학교 고학년 무렵에는 조부모님의 식탁에 앉아 펜을 들고 텅 빈 공책을 마주했다. 그러나 고작 한두 문장을 끄적거린 게 전부였다. 그저 글을 쓴다는 낭만만 품었을 뿐, 정작 작가가 되겠다는 꿈을 채울 내용이 없었기 때문이다. 나는 펜과 공책을 갖고 다니다가 사건, 사람, 대화 따위를 기록하며 장래의 글감을 모으기도 했다.

스티븐에게 손짓한 바로 그 모험이 나에게도 신호를 보냈다. 나는 살던 지역을 떠나 대학으로, 집을 떠나 바다 없는 땅 위의 항해를 시작할 준비를 하며 《젊은 예술가의 초상》을 읽었다. 나는 집에서 나와 더 큰 세상을 만나야겠다는 마음을 굳히고 하버드 대학에 지원해 합격했다. 나는 그곳의 삶도 그곳이 학생에게 지우는 사회적 요구에 대해서도 전혀 몰랐고, 그에 대한 준비도

되어 있지 않았다. 그럼에도 불구하고 집과 브롱크스를 떠난다는 것은 그 시절의 내가 원한 모험이었다.

　바깥세상의 언어에 따라 형성된 게토의 삶은 곧 격리와 고립의 경험이다. 그것은 선택이나 애정으로 자신의 지역사회를 만드는 것과는 딴판이다. 게토는 분리되어 있다. 게토의 문화는 긍정적으로나 부정적으로나 분리에 대한 응답이다. 내가 살던 지역사회만 하더라도 분리 조장 세력으로 반유대주의가 있었다. 이것은 내가 가르치는 많은 학생의 삶에서 유사하게 작용하는 인종차별주의와 꼭 닮았다. 그러나 게토의 문화가 단순히 배제와 거부 세력에 대한 응답이라고만 볼 수는 없다. 그와 반대로 찬양, 독창성, 계교, 조언, 격려가 한가득 버무려진 양상을 보이기도 하는 것이다. 치욕과 불명예의 흔적을 떨쳐내지는 못했으나, 자존감과 긍지의 원천이 되기도 한다. 그 문화는 저항과 생존의 교훈을 가르쳐준다. 한 예로, 언젠가 할아버지가 들려주신 농담이 있다. 그 이야기는 내 뇌리에 박혀서 부적 노릇을 하며, 하버드 재학 시절처럼 내가 반유대주의에 둘러싸일 때마다 그에 맞설 힘을 주는 근원이 되어주곤 했다. 이야기는 속옷 제조업자인 골드스타인과 금융 재벌인 J. P. 모건 사이의 일화를 다룬 것인데, 골드스타인은 남성 속옷과 손수건 분야의 규모가 큰 제조업자로서 J. P. 모건 못지않은 부자였다. 그는 모건의 집 바로 옆으로 이사와 스푼에서부터 냅킨까지 모건의 집과 똑같이 살림을 차렸다. 어느 일요일, 모건이 일찍 일어나 잔디를 깎기 시작했다. 골드스타인도 일찍 일어나 모건의 것과 똑같은 금도금 잔디 깎이로 자기 집 잔디를 깎았다. 그들은 나란히 잔디를 밀다가 두 집의 경계를 나눈 담장에서 일을 끝냈다. 골드스타인은 담 너머로 모건에게 인사를 건넨 후, 그의 집이 아름다우며 그것도 매우 아름다워서 자신도 그와 똑같은 집을 샀노라고 말했다. 모건은 골드스타인이 정말로 자기 집과 똑같이 베껴냈다며 불만스럽게 쏘아붙였다. 그러자 골드스타인이 이렇게 맞받았다. "하지만 모건 씨. 한 가지 말씀드리자면, 내 집이 당신 집보다 값이 더 나간다는 걸 알아두세요." 금융계의 거물인 모건이 이 말에 몹시 불쾌감을 느껴 그 근거를 대라고 따지자 골드스타인은 이렇게 대꾸했다. "실은 말이죠. 나는 당신처럼 유대인의 옆집에 살지 않기 때문이지요."

이 농담이 대체 무슨 의미냐고 할아버지에게 여쭙자 이렇게 말씀하셨다. "일단 유대인으로 태어나면 영원히 유대인이란 말이지. 우리가 무엇을 하든 유대인이라는 꼬리표는 사라지지 않을 거야. 하지만 잘 들어두렴. 우리도 남들이 하는 건 뭐든지

선생님께는 배우지 않을 거예요

할 수 있어. 아니 그보다 더 잘할 수 있지." 이 엉뚱하면서도 대
담한 이야기에는 반유대주의 정서와 이를 꿋꿋하게 버텨내라
는 조언이 압축되어 있었다.

'교육'이라는 모험에 찬 도전

교육은 그것이 일어나는 환경의 성격과 교사 · 학생 · 지역사
회의 도덕적 가치와 밀접하게 엮여 있다. 여기에는 가능한 한
학생과 교사와 지역사회가 속한 문화, 사회, 정치, 계급, 경제
적 여건을 이해해야 한다는 의미가 함축되어 있다. 또한, 가르
치는 시기의 역사적 맥락도 고려해야 함을 뜻한다. 교육에 단
하나뿐인 최고의 길이란 없다. 민권운동이 한창이던 시기에는
배움의 중심을 참여와 사회적 행동에 두는 것이 중요했다. 레
이건과 부시(1924-2018. 아버지 부시 대통령을 말함-옮긴이) 정부 시
절에는 그 핵심을 저항과 사회적 양심의 각성, 사회적 투쟁의
전 세계적 전개에 두어야 했다. 그리고 지금은 절망과 싸우는
일이 우리가 당면한 주요 과제다.

그러므로 교수 · 학습 전략을 기획하기에 앞서 교육여건을
분석하고 지역사회를 아는 노력이 선행해야 한다. 또한 어떠한
상황에서도 학생의 긍지와 자존감을 해치지 않는 동시에 최고

의 효과를 얻기 위해 다양한 전략과 기술을 연구하고 교재, 교구와 기법을 개발해야 한다. 교육과정은 바로 이런 분석을 토대로 세워야 한다. 학생의 연령이 같고 동일 과목을 가르친다고 해서 두 개의 학급에 똑같은 교수법을 적용하는 일은 있을 수 없다. 특정한 분석 기술과 문제 해결 기법 같은 공통의 욕구가 있다면 다루어야 하며, 학생은 복잡한 글과 적절한 정보를 접하고 숙달해야 한다. 그 위에 민주주의적 사고에 함축된 도덕적 가치를 모든 교육적 맥락에서 가르치고 구현하도록 해야 한다. 그러나 그 모든 것을 넘어, 교육 계획을 상황에 따라 유연하게 적용해야 한다.

이와 관련해 한 가지 사례가 떠오른다. 1970년대에 나는 캘리포니아 주 버클리의 '열린 교수 · 학습센터Center for Open Learning and Teaching'와 협업해 교사와 지역사회 단체가 자기 지역에 학교 세우는 일을 자문했다. 우리는 어느 농장 노동자협동조합의 어린이집 설립에 관해 조언해달라는 부탁을 받았다. 협동조합 사람들은 캘리포니아의 센트럴 밸리에 사는 멕시코계 미국인과 필리핀인이었다. 그들은 가난했지만 숙달된 기술이 있었고, 함께 도와가며 일할 줄 알았으며, 희소 물자를 최대한 효율적으로 사용했다. 우리는 본격적으로 계획을 세우기

선생님께는 배우지 않을 거예요

에 앞서 몇몇 지역 주민과 복지 활동가의 도움을 받아 현지 상황을 알아가는 시간을 가졌다. 곧 지역사회 구성원들에게 전동 공구가 있으며 가구 제작 기술도 있다는 사실을 파악했다. 그 중에는 포스터 제작과 인쇄기 활용이 가능한 사람도 있었고, 재봉틀이 있는 여성도 많았다. 몇 사람은 영어와 스페인어 양쪽을 읽고 쓸 줄 알았다. 이 상황을 추려보면 그 협동조합에는 어린이집을 세우는 데 필요한 기술과 도구, 일꾼이 모두 모여 있는 셈이었다. 교육자로서 우리가 할 일은 그들이 기존 물자를 활용하여 자기들 고유의 어린이집을 만드는 방법을 전수하고 이해를 돕는 것뿐이었다. 그들이 만들 수 있는 것은 가구나 커튼 정도가 아니었다. 책과 포스터는 물론, 교육과정을 설계할 능력도 있었다. 그들은 지역사회 안에서 자기 아이들을 가르칠 수 있었고, 그들의 일에 요구되는 사항과 자기 문화의 가치에 맞게 어린이집의 틀을 새로 짤 수도 있었다.

우리는 지역사회가 구입에 의존하지 않고 자기 물자를 활용해 교재와 교구를 제작한다는 목표를 세우고 연수를 기획했다. 애초에 우리는 교육 전문가로서 발표를 하기로 되어 있었다. 그러나 연수에서 우리가 보여주고 이야기 나눈 것은 모두 이곳 상황을 파악하며 얻은 지식과 정보에서 나온 것이었다. 그날 하루가 저물 무렵에는 사람들이 각자 공구와 재봉틀을 가지고 모여들었다. 연수가 끝나갈 즈음, 그들은 나무 블록, 인형극 무대와 인형, 알파벳 책자, 오려 만든 문자와 숫자, 셈과 언어 게임 등 작은 어린이집에 구비할 각종 교재와 교구를 만들었고 사용법을 익혔다. 어린이집을 열 만한 만반의 준비를 갖춘 것이다.

교육이 현실에 근거를 두고, 지역사회의 기술과 지식이 교육자의 기술과 지식을 만나 융화될 때 최고의 효과를 거둘 수 있다. 교육자로서 우리가 가장 잘할 수 있는 일은 어떻게 하면 물자와 기술, 지식과 문화를 조합해 아이들의 삶을 풍요롭게 가꿀 수 있는지 보여주는 일이 되기도 한다. 나는 종종 교사의 적극적인 역할을 지나치게 강조한다는 비판을 듣곤 한다. 이런 비판은 특히 잘못된 가르침의 폐해에 민감한 사람들에게서 주로 나오는데 그들은 직접 교수행위라면 모두 의심스럽게 본다. 교육 현장의 인종차별, 성차별, 조급함, 분류하고 낙인찍고 아이의 삶을 통제하려는 욕망 등이 부정적인 영향을 끼친다는 사실에는 나도 수긍한다. 아이들에게 해를 입히고 일생토록 사라지지 않는 원한과 분노, 자기 증오를 초래할 수 있기 때문이다. 그러나 전국의 공교육 현장에는 이와 정반대의 역할을 하는 교사들도 있다. 그들은 학생과 공감하며 학생의 힘을 동력으로 삼아 가르친다. 그들은 또한 배움을 사랑하고, 아는 것을 열정적으로 나누며, 학생과 더불어 배운다.

그리고 나로 말하자면 가르치는 것을 몹시 사랑한다. 판서를 하고 학생과 간절히 나누고픈 것을 이야기할 때면 가르치는 행위에서 얻을 수 있는 가장 큰 희열을 느낀다. 내가 사랑하는 것을 학생도 사랑하라거나, 내가 배운 것을 배우라고 강요할 필요성은 느끼지 않는다. 그들에게 영감을 줄 기회만 있으면 된다. 내가 모차르트를 꾸며낸 것도 아니고 카네기홀을 지어낸 것도 아니다. 줄리어스 할아버지가 주도적으로 가르치지 않았다면 그분이 가르친 내용도 몰랐을 것이다. 주도적으로, 사랑을 담아서, 잘 가르치는 일은 학생 스스로 배울 기회를 주는 것 못지않게 나에게는 늘 중요한 과제였다.

우리 사회에서 교육받은 사람에게 요구되는 내용과 기술을 가르치는 행위와 학생이 내면의 욕구를 따르고 특별한 기술이 있거나 기호를 느끼는 분야를 탐구하도록 하는 행위 사이에는 미세하지만 선명한 선이 있어서, 그 차이를 구분하며 걸어야 한다. 아이에게 어떤 전기(轉機)가 찾아오거나 예술이나 기술, 기능이 아이의 내면을 깨울 때, 또는 아이가 마법에 홀린 듯이 수학이나 화학이나 시에 끌리는 때가 있다. 그럴 때는 아이가 내면의 욕구를 따르도록 거들고 다른 일은 잠시 내버려두는 것도 중요하다. 물론, 모든 아이가 그와 같은 몰입을 발현하는 것은 아니고, 일반적인 창의적 학습의 흐름도 수업에서 이어나가야 한다. 그러나 모두가 같은 내용을 같은 시간에 배워야 할 필요는 없다. 잘 가르친다는 말은 배움의 다양성과 깊이를 가능한 한 극대화하도록 고취하며, 한 명이라도 더 많은 아이가 재능을 발현할 수 있도록 새로운 관점이나 주제를 얹는 데 항상 열려 있다는 의미이다. 이는 가르침의 여러 역할 중 삶을 변화시킬 수 있는 배움의 기회를 찾아주는 일과 통하는 일이다. 그러자면 경직된 교육과정의 올가미에서 학생을 풀어주고, 여건이 허락될 때 교과와 기술, 예술과 기능의 경계를 무작정 넘나들며 쏘다니도록 수용해야 할 때도 필연적으로 생긴다. 학생이 할 수 있으리라 상상도 못한 일을 시도할 때 지지하고, 종종 그런 일을 조성하는 작업이 여기 포함된다. 기회를 만들고 도전할 거리를 설정하며 수단을 대주는 일도 필요하다. '무엇보다도 내면의 소리에 귀 기울여라', '자기 안에 있는 가면의 기수를 꼭 품어라', '토드 모런처럼 항해에 나서라', '자기가 아닌 다른 사람이 배우라고 종용하는 것을 당당히 물리칠 수 있어야

선생님께는 배우지 않을 거예요

하고, 자신감과 긍지와 자존감을 좀먹고 개인의 영역을 침투하는 그 어떤 것도 배우기를 거부해라'와 같은 말을 건넬 수 있어야 한다. 교육에는 학생의 저항할 힘을 키우는 한편, 내면의 소리에 귀 기울이고 그들이 사랑하고 존경하는 이들의 조언과 신뢰를 새겨듣도록 힘을 실어주는 노력이 요구된다. 이 말은 학생이 교사를 찾아 도움을 요청하고 성적, 비판 등 다양한 압력에 구속받지 않는 배움의 환희를 맛볼 수 있도록 도움을 보탠다는 의미이다. 이는 학생을 사회의 틈새에, 누군가가 운영하는 일자리와 그 위계 구조의 일부분에 끼워 맞추기 위한 훈련과는 대척점에 있다. 오히려 틈새를 창조하고 소명을 찾으며 민주적 가치에 따라 살도록 지원한다는 것을 의미한다.

가르침이란 학생과 더불어 그들 내면의 힘을 찾으러 떠나는 모험과 같다. 그것은 인내와 신념이 걸린 문제이다. 적성과 기술, 재능과 꿈이 얼어붙은 땅을 뚫고 나오기를 인내하며 기다리는 것, 상처나 적개심으로 아무리 위축되어 있다 해도 발견과 구조의 순간만을 기다리며 특별한 능력과 감수성과 열망으로 반짝이는 별자리가 누구에게나 있다고 믿는 것이다. 실패라는 개념은 교사의 마음속에서 지워버려야 한다. 그러므로 가르치는 행위는 불합리한 활동이며 즐거운 어리석음이라 여겨야 한다. 어떤 판단도, 정치 · 경제 · 사회적 여건이나 현실도 어린 아이의 장래에 대한 희망을 포기하는 구실이 될 수는 없다.

가르침은 낭만적인 소명이다. 우리가 일상에서 보고 겪는 모든 공포, 아이가 겪는 고통과 절망, '현실세계'라는 명목으로 낭만에 쏟는 조롱, 우리가 책임을 안고 있는 모든 아이를 돕는다는 과제의 난점, 이 모든 어려움에도 불구하고 가르침이란 낭만적이다. 교사의 가슴에서 희망이 시들면, 아이를 위하는 마음으로 대화하는 일은 불가능해진다. 하물며 그 아이의 특별함을 끄집어내 전 사회에 기여할 기회는 영영 사라지고 만다.

"그러면 '현실세계'의 요구에 맞출 수 있도록 아이들을 준비시키는 일은 어찌하란 말인가?" 내가 '낭만적'이라는 말을 쓰거나 교육과정 대신 희망이나 사랑을 이야기할 때마다 이런 반응이 나온다. 나도 현실세계를 좀 안다고 자신 있게 말하지는 못하겠다. 확실히, 아이들은 좋은 글을 읽고 앞뒤가 맞게 글을 쓸 수 있어야 하며, 생활에서 수의 기능을 이해하고 셈할 줄도 알아야 한다. 자신의 문화를 알고, 경제와 사회가 어떻게 돌아가는지도 이해해야 한다. 권리장전도 꼭 알아야 한다. 유치원 포함해 13년 동안 초 · 중등교육을 받으면서 알아야 하는 것, 배울 수 있는 내용은 참으로 많다. 그러나 언제, 어떻게, 어떤 맥락에서 배워야 하는지, 그 구체적인 내용에는 논란의 여지가 있다. 더욱이 기업이나 정부에서 추구하는 인간상이나 직업관에 부응한다는 목적 하나로 모든 학습 시간을 운영해야 한다는 요구는 개인에게 역기능을 초래할 뿐 아니라 사회적으로도 대다수 사람에게 공정하지 않다. 이런 문제는 학생을 그런 목적에 따라 대비해 공부시키고도 그 직업을 보장해주지 못하는 사회에서 특히 두드러진다.

사람에 따라 만족스러운 일을 자유로이 선택하고, 그 토대에서 스스로 삶을 꾸려갈 수 있는 자유야말로 내가 생각하는 민주적인 삶의 필수 측면이다. 그런데 소위 '현실세계'의 교육이 이 자유를 부정한다면 아이들을 위험에 몰아넣을 수 있기에 이에 맞서야 한다. 이 말은 우리가 현실을 멀리하고 아이들을 기만해, 삶의 충족을 방해하는 장애물이나 삶을 영리하게 헤쳐나가려면 신중하게 타협도 하며 살아야 할 필요성을 감추어야 한다는 이야기가 아니다. 오히려 아이들이 생존을 위해 노련하게 고투하면서도 꿈을 지키도록 힘을 보탠다는 의미다. 우리는 순응과 단순한 생존에 치우치기보다 희망과 가능성에 주력하며 가르침을 이어가야 한다.

아이들을 한정된 방향으로 유도하는 교육은 틀에 맞지 않는 아이들을 가려내는 일도 한다. 이런 아이들은 불필요한 존재, 다시 말해 짐짝 취급을 받으며 낙인찍히고 꼬리표가 붙는다. 각도를 달리해 좀 더 민주적인 관점에서 보면, 그들은 경쟁을 절대적 가치로 승격시키는 사회의 희생양이다. 서굿 마셜 Thurgood Marshall(아프리카계 미국인 최초의 미 연방대법관-옮긴이)이 인종분리를 두고 "낙인으로 인한 상처는 실재한다, 그것은 잔인한 짓이며 헌법에도 금지되어 있다"*라고 말한 것처럼.

내가 지난 몇 년에 걸쳐 함께 작업해온 아이들이 있다. 그 아이들은 일곱 살 즈음의 나이에, 살아온 햇수만큼의 낙인과 꼬리표로 분류돼 그로 인한 고통을 고스란히 안고 산다. 출석부에는 이런 정보가 적혀 있다. 주의력결핍장애, 위험at risk, 태아알코올증후군, 학습장애, 취약계층, 역기능 가정, 학습부진아 등등. 그 아이들을 만나본 사람이라면 자신감 부족과 반항적 태도를 보고 그들을 구속한 꼬리표를 그대로 수긍할 수도 있다. 그중 한 명인 윌리엄을 예로 들어보자. 나는 이 아이의 이모에게서 아이의 공부를 도와달라는 부탁을 받았다. 윌리엄은 일곱 살에 일찌감치 진단을 받아 학습장애아로 분류되었다. 어쩌면 학교의 진단을 그대로 받아들이는 편이 나로서는 수월

---

* Car T. Rowan, *Dream Makers, Dream Breakers: The World of Justice Thurgood Marshall* (Boston: Little, Brown, 1993), p. 10, 에서 인용

선생님께는 배우지 않을 거예요

했을 수도 있다. 윌리엄은 알파벳을 몰랐다. 내가 알파벳 이름을 대보라고 하면 전부 "abc"라고 대답했다. 또 니켈(5센트 동전), 페니(1센트 동전), 다임(10센트 동전) 중에 새로 찍은 듯 반짝거리는 페니가 때 묻고 낡은 다임보다 더 값나간다고 우겼다. 윌리엄은 열까지 셀 수 없었고, 세려고 하지도 않았다. 내 눈을 회피하며, 악수할 때는 손을 축 늘어뜨렸다. 내가 질문을 하면 알 수 없는 소리로 웅얼거렸는데, 그의 이모는 아이가 언어치료를 받고 있으며 아직 말을 하기 힘들어한다고 알려주었다. 더 깊이 들어가지 않고, 이 아이에게는 가르칠 수 있는 한계가 있다는 점을 인정하고 기대를 접었다면 쉬웠을 것이다. 그러나 지금 내가 보고 있는 것은 아이를 감싼 외피이자 보호막이며, 이 아이는 어른들이 그에게 품은 기대에 따르고자 그렇게 행동하고 있다는 사실을 나는 경험으로 알 수 있었다. 윌리엄은 자신이 실패자이며, 그렇게 된 것은 자기 자신과 부모 때문이라고 여기는 것 같았다. 이 아이 편에 서서 낙인찍는 체제로부터 윌리엄을 보호해줄 사람은 아무도 없었다. 결국 아이는 이 체제의 일부가 되어 그 정당성을 확인시켜주는 본보기가 되고 말았다.

나는 윌리엄에게 접근하려면 그 외피를 무시하고, 그가 실제

털어놓는 것보다 더 많이 안다고 가정하는 편이 좋겠다고 판단했다. 그래서 반짝이는 페니 몇 개를 꺼내 그의 때 묻은 다임 몇 개와 바꾸면 좋겠다고 떠보았다. 순간 윌리엄의 얼굴에 장난스러운 미소가 비쳤으나, 그는 이내 고개를 돌려 외면하며 미소를 숨겼다. 나는 윌리엄의 속임수를 눈치 챘다. 그는 다임으로 무엇을 살 수 있고 페니로는 무엇을 살 수 있는지 정확히 알고 있었다.

그런 다음 야구를 할 줄 아느냐고 묻자, 아이는 망설이듯 나를 바라보았다. 나는 벽장을 열어보았고, 그 안에는 야구 방망이와 글러브, 여러 가지 공, 줄넘기, 활과 화살, 스티로폼 칼 두 개, 권투 글러브 세 켤레(어린이용 두 켤레와 어른용 한 켤레), 그 외에도 여러 해 동안 쌓아둔 잡다한 놀이기구가 가득했다. 나는 방망이와 글러브, 물렁물렁한 야구공을 꺼내 캐치볼을 해보지 않겠냐고 물었다. 윌리엄은 어깨를 으쓱하더니 다시 고개를 떨궜다. 내가 일어나 방망이와 글러브와 공을 들고 나오자 윌리엄도 따라 나왔다.

내가 글러브를 건네자 아이의 태도가 돌변했다. 그는 글러브에 주먹을 꽂으며 내야수처럼 자세를 잡았다. 우리는 캐치볼을 하다가 이어서 방망이로 공을 치기 시작했고 윌리엄은 덤불 속으로 공을 날려 보냈다. 야구를 하면서 우리는 그가 가장 좋아하는 야구팀과 선수에 대해 이야기를 나누었다. 그는 프로팀에서 뛰는 삼촌을 언급하며 자기도 프로 선수가 꿈이라고 했다. 한동안 야구를 하고 나서, 나는 윌리엄의 이모에게 오늘은 이정도면 됐고 윌리엄이 다시 올 마음이 있다면 또 야구를 할 수 있을 거라 이야기했다. 그리고 윌리엄이 자기 모습을 충분히 보여주는 것으로 보아 충분한 시간을 두고 도움을 받으면 읽고 쓰기뿐만 아니라 하고 싶은 공부도 할 수 있겠다는 말도 덧붙였다. 나는 윌리엄을 돕기로 했다. 그 아이의 문제는 학생으로 넘치는 교실과 어떻게 도와야 할지 모르는 교사들 때문에 생긴 것이었다. 나는 최대한 신중하게 상의했으며, 윌리엄의 이모도 내 말을 이해했다.

윌리엄이 배우고자 한다면 읽기와 셈을 깨우치지 못할 특별하고 확실한 이유는 없었다. 얼마나 오래 걸릴지는 신경 쓰지 않았다. 위험도 있었다. 어쩌면 윌리엄은 읽기를 영영 배우려 하지 않을 수도 있었다. 윌리엄에게는 그와 똑같은 처지의 친구들이 있었다. 학교의 실패를 드러내는 미래의 세대로서 장차 지역사회의 골칫거리 취급을 받을 아이들이었다. 그리고 학교에는 실패자를 양산하는 체제에 익숙해져 오랫동안 변화의 노력을 거부해온 교사들이 있었다. 윌리엄과 그의 이모가 강한 모습을 보이지 않으면 내가 한 일 모두를 원래대로 돌려놓을 사람들이었다.

나는 지난 몇 년 동안 윌리엄을 꾸준히 만나왔다. 이제 그는 글을 읽을 줄 알고, 독서를 좋아한다. 학교를 좋아하지는 않지만 감당해야 한다는 점도 알고 있다. 이런 그의 삶을 지켜보는 일은 고통스럽지만, 그래도 윌리엄은 잘 해나가고 있다. 마음 같아서는 학교가 변하거나 아예 처음부터 다시 시작할 수 있다면 좋겠지만, 학교를 변화시키려는 노력과는 별개로, 학교의 방식이 아쉬운 대로 잘 따라가려는 윌리엄의 욕구를 구분해서 도와주려 한다.

내가 윌리엄을 도와 도대체 뭘 했는가 하면, 사실 별것도 없다. 한동안은 하루에 몇 분씩 책을 읽고, 문자와 소리의 관계를 짚어주고, 야구도 하고, 동전을 세고, 과녁을 만들어 활을 쏘며 놀다가 다시 책을 읽고, 책에 나온 그림에 대해 이야기를 나눈 정도다. 그림을 보고 난 후 내가 이야기를 들려주기도 하고 윌리엄이 이야기를 지어내기도 했다. 당장 읽기를 가르쳐야 한다는 조바심은 거두고, 학교 기록을 감안해 그에게 필요한 내용으로 첫 수업을 했다. 그 수업의 화두는 '나는 바보가 되지 않을 거야', '남들이 나를 바보 취급하도록 놔두지 않겠어', '누가 뭐래든 나는 바보가 아니야' 정도로 요약할 수 있겠다. 윌리엄도 배움에 마음을 열고 실패할지도 모른다는 걱정 없이 놀면서 무의식적으로 수업 내용을 받아들이기 시작했다. 우리가 그런 이야기를 나눴기에 윌리엄도 배울 수 있었다. 나는 학교도 때로는 잘못할 수 있다고, 너는 똑똑한 아이라는 점을 숨김없이 말했다. 아이들은 어른에게서 그런 말을 들어야 한다. 이 시스템이 멍청하게 돌아가는 것은 아이들 잘못이 아니고, 어른이라고 해서 모두가 그것을 좋게 보는 것은 아니며, 학교 안팎에서 모든 아이를 염려하며 시스템이 움직이는 방식이 잘못됐다고 믿는 교사도 있다는 말을 들려줄 수 있어야 한다.

우둔함은 학습된다. 이 개념을 처음 접한 것이 25년 쯤 전이었으나, 마치 교묘하게 곡조를 바꾸며 끈질기게 되풀이되는 멜로디처럼 뇌리에서 사라지지 않는다. 인류학자 쥴스 헨리Jules Henry는 그의 저서 《반인류 문화Culture Against Man》에서 다음과 같이 말했다.

모든 곳에서 아이들은 존재하는 대로의 문화에 적응하도록 훈련을 받아왔다. 그리고 인간은 자신이 발휘할 수 있는 엄청난 재능을 적응에 실패해서는 안 된다는 목표에만 쏟아왔다. 필수적인 내용을 가르치기 위한 장치로서 … 교육은 … 우둔해지는 법을 배우는 … 도구가 되었다.[*]

아이들이 학교에서 자신을 싫어하게 된 사연을 이해하려 애쓰다 보면, 우둔함이 학습된다는 개념, 게다가 어리석기 짝이 없고 더 큰 이익에 반하는 일이라는 사실을 알면서도 인간은 그런 일을 능히 저지를 수도 있다는 개념이 언제나 내 가슴속에 울려 퍼진다. 젊은 시절 나는 내가 우둔함을 양산하는 시스템에 공모하면서 학생들을 그 안으로 억지로 이끌고 있다는 사실을 깨달았다. 당시 학생들은 화장실에 가려면 허락을 받아야 했다. 나는 통제력을 뺏길 수도 있다는 두려움에 교실 안의 모든 상황을 조용하게 유지하려 했다. 마찬가지 이유로 시간 낭비에 불과한 줄 알면서도 학습지를 풀게 하고, 거짓말인 줄 알면서도 역사책을 달달 외우게 시켰다. 삼삼오오 모여 이야기하며 다니면 더 편안했을 것을, 복도는 꼭 한 줄로 다녀야 한다며 주의를 주었다.

내가 교사로서 어느 정도 편하게 지내는 요령을 터득하고 분

---

[*] Jules Henry, *Culture Against Man*(New York: Vintage, 1965), p. 320.

선생님께는 배우지 않을 거예요

별 있는 교육과정도 짤 줄 알게 되면서 학생의 학습 활동도 잘 거들 수 있게 되자, 한 가지 해야 할 일이 명확하게 드러났다. 어떤 대가를 치르고서라도 우둔함에 저항하고, 내 학생들에게도 그에 저항할 힘을 실어주는 것. 그것은 교사로서 내가 지향해야 할 핵심적인 목표 가운데 하나였다.

　윌리엄의 경우만 하더라도 그렇다. 그는 자기가 읽고 셈할 줄 아는 다른 아이들처럼 똑똑하지가 않다는 말을 귀에 못이 박히도록 들어왔다. 그 판단을 받아들이고, 자기 머리는 물론(주의력 결핍장애), 부모와 지역사회에도(위험) 문제가 있다는 판단 또한 받아들였다. 이 모든 말이 노골적이고도 암암리에 윌리엄을 길들여 자기가 바보이며 이후로도 바보로 지낼 것이라는 인식을 사실인 양 받아들이도록 했다. 윌리엄이 편성된 보충 수업조차 그를 임상 사례 취급하며 열등감을 강화하는 데 한몫을 했다. 내가 처음 한 일은 윌리엄이 실패감을 버리도록 힘을 실어주는 것이었다. 그러고 나서 윌리엄이 표준화 평가와 교사의 시선, 교실에서의 투명인간 취급으로 조성된 열등감으로부터 자신을 보호할 기제를 만들어야 했다. 가장 좋은 방법은 윌리엄이 학교 밖에서 읽는 법을 깨우친 다음 학교로 돌아가 자기 나름의 방식으로 적용하는 것이었다. 현재로선 그러한

성과가 눈에 띄게 나타나고 있고, 덕분에 윌리엄은 배우고 싶은 것을 마음껏 찾고 있다. 또한 자신의 역량과 꿈에 더해 나이가 들면서 혼자 할 수 있는 재량이 늘어남에 따라 마음이 끌리는 일들의 접점을 찾아가고 있다.

모든 아이가 윌리엄처럼 길고 복잡한 과정을 거쳐야만 자신의 본모습에 닿을 수 있는 것은 아니다. 그러나 때로는 동기가 가장 충만한 학생조차 낙인 시스템과 유도된 우둔함의 기제에 빠져들 수 있다.

이제 마흔쯤 됐을 테니 더 이상 아이는 아니지만, 특별히 떠오르는 아이가 한 명 있다. 레니 피켓Lenny Pickett은 내가 1968년에서 1970년까지 버클리에 있는 아더웨이즈Other Ways라는 고등학교에서 가르치던 시절 만난 학생이다.(아더웨이즈는 당시 예술과 연극, 다양한 미디어를 접목해 새로운 교육과정을 구상하던 콜이 포드 재단의 후원을 받아 운영한 대안학교이다. 공교육의 틀에서 처음 시도된 대안교육과정으로 꼽힌다. -옮긴이) 레니는 특이하게도 프로보 공원에 있다가 곧장 아더웨이즈로 왔다. 아더웨이즈로 전학 올 경우에 통상 거치게 되는 상담도, 레니가 소속된 버클리고등학교의 교사 소견서도 없었다. 레니와의 첫 만남은 기억나지 않지만, 그는 버클리고등학교에서 거의 쫓겨나기 직전이었으며,

선생님께는 배우지 않을 거예요

출석을 하지 않아 무단결석생 지도원이 그를 찾으러 다녔다는 사실은 확실하게 기억한다. 이런 소동은 그가 하루 종일 색소폰을 연습하겠다고 고집을 부리며 학교는 자기에게 정말 필요한 것을 못 하게 막는다고 여겨서 벌어졌다. 그는 영어와 수학 같은 정규 과목을 듣지 않으려 했고, 색소폰 연주는 방과 후 활동으로 하라는 교장의 지시에도 따르지 않았다. 학교의 권고대로 자습실에서 빈둥거리거나, 특수반에 들어가 일대일 수업을 받는 것도 거부했다. 낙제시킨다거나 심한 낙인을 찍을 수 있다는 위협에도 한사코 맞서니 학교 당국은 미칠 지경이었다. 결국 학교의 말을 새겨들을 줄 모르는 나쁜 사례이자 골칫덩어리 취급을 받아 학교에서 내몰려 공원으로 들어갔다. 레니는 그곳에서 색소폰 연습을 했다. 그가 만일 가난하지 않고 유복했더라면 개인 교습을 받고 교육 당국과 마찰 없이 지냈을지도 모른다.

전학 후 레니는 첫 며칠 동안 아더웨이즈에 개설된 모든 과목을 청강했다. 아더웨이즈에서는 시의적절한 내용을 담고 배움에 새로운 영역을 개척하며, 예술과 문학, 과학 분야의 학습 기술을 익힌다는 목표를 세우고 학생의 참여를 가미한 수업을 설계했다. 학생의 욕구와 관심을 반영해 교육과정을 설계하려는 노력을 기울였다곤 해도 레니가 왔을 시점에는 학교의 과정을 마치려면 영어와 수학, 사회 등의 교과에서 최소 몇 과목 이상 참여해야 한다는 조건이 있었다. 다만, 각 영역별로 많은 과목을 개설해 선택의 폭을 넓혔기 때문에 다들 그럭저럭 흥미를 느끼거나 최소한 출석은 꾸준히 유지했다.

그러나 레니는 달랐다. 수학도 영어도 사회도 듣고 싶지 않다고 했다. 그는 색소폰을 불고 싶어 했으며, 그럴 수 없다면 다시 공원으로 돌아가겠다고 했다.

아더웨이즈는 학생의 선택권이 많고 매우 개별화된 교육과정을 운영해서 학생의 자율성도 컸다. 그만큼 기존의 공교육과는 상당히 다른 학교였는데도 레니는 거기서조차 비켜가려 했기에, 나는 이제 이 문제를 두고 고심했다. 레니에게 예외가 적용되면 모든 학생이 내키는 대로 하게 해달라고 요구할 것이 걱정되기 시작했다. 학생의 삶보다 규칙을 더 걱정하는 일은 결코 없으리라 다짐했으나, 이것은 생각만큼 간단한 문제가 아니었다. 레니는 우리가 함께 만든 규칙에 균열을 일으킬 여지가 다분했지만 그에게 눈곱만큼이라도 관심을 보이거나 받아들이려고 하는 학교는 하나도 없었기에 내가 그를 받아들였고, 그는 아더웨이즈의 학생이 되었다. 그는 영어, 수학, 사회 수업은 하나도 들어가지 않았고 다른 과목도 마찬가지였다. 그러나 학교의 공동생활에는 참여했고 가두 연극에서는 반주도 도맡아 했다. 우리는 레니가 피아노 교습을 받고 악보 읽는 법과 작곡을 익히며 원하는 만큼 연습할 수 있도록 유연하게 대처했다. 레니는 자기 힘으로 색소폰 선생님을 구할 수도 있게 되었다. 우리는 또한 그가 자신의 곡을 쓰고 연주해 녹음테이프를 졸업 작품으로 제출하도록 제안하기도 했다.

레니는 아더웨이즈에 다니는 동안 다양한 밴드에서 연주하고, 가두 연극에 참여했으며, 게릴라 극단과 함께 뉴멕시코 주에 가서 영화 〈빌리 잭Billy Jack〉에도 등장했다. 연습에 많은 노력을 쏟은 것은 말할 것도 없었으며, 학교에서는 유쾌하고 활달한 존재감을 드러냈다. 그의 활동에 반대한 학생은 아무도 없었다. 오히려 그가 우리와 함께한다는 사실에 모두가 자랑스러워했다.

레니가 정식으로 졸업을 했는지는 확실히 기억나지 않으나, 열여덟 살이 되자마자 밴드 '타워 오브 파워Tower of Power'에 들어간 사실은 확실히 기억하고 있다. 마흔 즈음이 된 지금은 새터데이 나이트 라이브의 밴드를 이끌고 있으며, 보르네오 혼즈Borneo Horns에서 작곡과 연주 활동을 활발히 하고 있다.

실패, 포기, 편견에 저항하기

모든 사람이 어릴 때부터 레니처럼 어느 분야에 집중하거나 몰입하지는 않는다. 그러나 겉으로 이렇다 할 동기가 딱히 없어 보이는 아이라 해도 도전적인 일과 불변의 사랑, 충만한 삶을 향한 꿈 그리고 생생한 상상력이 있기 마련이다. 주위의 냉담이나 절망 혹은 분노에 가려져 드러나지 않을 뿐이다. 그렇지 않은 아이를 나는 한 명도 보지 못했다. 어른도 이와 똑같은 일을 겪는다고 생각한다. 그중에는 사회·경제적 압력에도 불구하고 과감하게 자기가 원하는 일을 찾아나서는 사람도 있다. 운이 좋으면 꿈과 열망이 경제적 보상과 사회적 지위에 맞아떨어지기도 한다. 그런가 하면, 우표 수집이나 맥주캔 수집에서부터 프라모델 제작, 단파 방송, 어린이 야구 감독에 이르기까지, 다양한 취미 활동에 꿈을 쏟는 사람도 있다. 심지어 인간으로서의 긍지를 지키고자 출세가 보장된 직업을 마다하고 소박한 삶으로 전향하거나 위험을 무릅쓰면서까지 자기가 하고 싶은 일을 하는 사람도 있다. 그러나 여전히 많은 사람이 경제적 필요성과 사회적 억압에 휘둘리며 꿈을 포기하고 있다. 삶에 작용하는 관성과 공감 없는 사회가 얹은 고난에 겨워 사람들은 자기 삶의 희망을 포기한다. 꿈과 높은 기대는 어느 순간

짐이 되고 끊임없는 죄책감과 수치심을 유발한다.

빈곤이나 학대, 고질적인 폭력 혹은 방치와 마찬가지로, 학교는 희망을 포기하게 만들고 무관심을 퍼뜨리는 원인이 될 수 있다. 너무도 많은 고등학교에서 진로지도 교사들이 학생의 진로를 몇 가지 특정 직종 중심으로 돌리곤 한다. 그들은 학업 성적이라는 편협한 측정 결과를 근거로 학생의 장래에 적합하다고 생각되는 분야를 판단한다. 종종 문화적 고정관념의 영향을 받기도 한다. 게다가 어떤 직업은 높이 평가하고 다른 직업은 폄하한다. 이를테면 학업 성적이 좋은 학생에게는 대체로 영화, 연극, 미술, 음악, 저널리즘, 사진, 가구 제작, 만화를 비롯한 삽화, 직조 같은 분야는 단념하라고 종용한다. 기업, 전문직, 학자 등의 협소한 분야에 들어맞지 않는 직종은 모두 같은 취급을 받는다. 만약 '우수한' 학생이 이들 비권장 분야에 대한 열망을 품으면, 실패자 취급을 받거나 자신의 가치를 하찮게 여긴다는 말을 듣는다.

다른 많은 학생에게는 이와 반대로 전혀 기대하지 않으며 벌목, 건설 현장이나 가사 같은 분야로 지도를 집중한다. 그들에게는 자신의 적성이나 가족의 뜻에 부합하는 포부가 있더라도 거기에 따르지 말라는 설득이 따른다. 나와 함께 일하는 어느 학생은 아메리카 원주민인 포모 부족 출신인데, 컴퓨터 프로그래머로서의 재능이 매우 뛰어나며 수학에도 능하다. 그러나 그는 늘 2년제 대학으로 가라는 진로지도를 받아왔으며, 자기에게는 4년제 대학에 갈 만한 기능이나 능력이 없다고 확신한다. 그러나 그가 일하면서 보이는 능력은 이런 판단을 정면으로 반박할 증거로 충분하다. 그가 맡은 일은 수학과 복잡한 컴퓨터 프로그래밍 능력이 필요하므로 아무나 할 수 있는 일이 아니다. 그런데도 그는 자신의 능력에 대한 학교 측의 판단을 내면화했다. 나는 그가 좀 더 포부를 펼치도록 자신감을 심어주려 노력하지만 수월하지는 않다. 교사들의 낮은 기대(인종차별도 있을 것이다)와 사람이 할 수 있는 일에 대한 편협한 시각으로 그의 꿈은 억눌렸다. 그는 바로 이 억압의 희생양이다. 교사라면 노동부의 직업 안내서를 읽어본 후 시야를 넓히고 사람이 실제로 할 수 있는 일이 얼마나 많은지 학생에게도 알려주는 것이 맞다. 할 수 있는 일이 무엇이 있는지 더 많이 알수록 실제로 하고자 하는 일이 무엇인지 깊이 생각할 수 있다. 또한 소외를 불러오는 일, 특히 열악한 저임금 노동에 내몰릴 가능성도 줄어든다.

불행히도 고등교육에 접할 기회를 통제하는 사람들에 의해 많은 학생이 물건처럼 취급받는 데 익숙해지곤 한다. 그렇게 이들은 자기의 포부를 너무도 자주 포기하고 만다. 학생의 꿈을 염려하는 교육자가 맡아야 할 역할에는 그들이 어른 세계의 압력에 굴복하면서 형성한 가면을 어떻게 벗겨낼 수 있을지 파악하는 일도 포함된다. 때로는 우둔함을 양산하는 학교가 그 원인일 수도 있다. 그러나 아이들을 압력으로 둘러싸는 요인은 학교만이 아니라는 점도 유념해야 한다. 빈곤이나 학대, 고질적인 폭력 혹은 방치 또한 배움에 대한 냉담으로 이어진다. 다만, 교사로서 우리는 학생의 불우한 환경을 탓하다가 비참하고 상처 입은 아이의 굳센 자아에 닿으려는 노력마저 훼손되도록 방관해서는 안 된다.

나는 '실패'가 교육적으로 쓸모 있는 범주라 생각하지 않지만, 교육 전문가의 어휘 목록에서는 이 단어가 두드러진 위치를 차지한다. 실패란 말은 가르치는 데 도움이 되지 않으며, 오히려 배움을 방해하고 억누른다. 이를테면, 요구되는 수준의 읽기를 할 수 없는 아이들은 단순히 그 일을 못하는 것일 뿐이다. 그들을 실패자라 부르는 것은 단순한 사실 하나를 두고 모욕적인 꼬리표를 덧붙이는 행위다. 그들을 도울 새로운 방도를 모색해야 할 마당에, 우리는 그들이 드러내는 당장의 무능력을 분류 체계 속의 어휘로 기록함으로써 낙인을 찍는다. 그리하여 '실패'와 '동기 부족'이라는 개념을 사용하며 창의적으로 가르친다는 수고를 대체하고 만다.

최근 나는 교사를 대상으로 하는 수업을 진행하고 있다. 높은 기준을 포기하지 않고도 교실에서 실패라는 개념을 없애버릴 수 있는 전략이 그 주제다. 그중 한 차시를 할애해 교사들이 자신의 학교교육을 돌아보는 시간을 갖는데, 그 많은 사람들이 자진해서 어른인 자신을 A, B, C, D, F와 같은 등급으로 분류하는 상황은 매우 놀랍다. 누군가 논점을 못 따라가거나 언급한 내용을 놓칠 때면 내면화된 정체성이 튀어나올 때가 간혹 있다. 교사들의 다음과 같은 발언에 그런 의식이 드러난다. "말씀하신 내용을 이해하지 못했어요. 내가 C라 그래요"라거나 "나는 원래 A라서 이해할 수 있는데, 지금은 안 되네요. 나이가 들었나 봐요," 혹은 이렇게 말한다. "난 그렇게 복잡한 말은 못 알아들어요. 내내 D로 살고 있거든요."

가면의 기수와 줄리어스 할아버지, 토드 모런과 모차르트가 등장해야 하는 지점이 바로 여기다. 교사로서 그리고 부모이자 시민으로서, 우리는 현재의 여건이 아무리 어려워 보인다 해도 우리의 힘과 기쁨의 근원으로 돌아가야 한다. 우리는 우리 자신을 포함해 누군가를 실패자로 인식하려는 태도를 물리쳐야 한다. 특히 교사는 희망을 이어가고 아이들이 단념하라는 주변의 유혹에 저항하게 해주어야 할 의무가 있다. 자신이 가르침의 길을 택한 이유를 떠올리는 것도 한 가지 방법이 될 것이다. 교사가 처음에 받은 영감, 아이들과 삶을 꾸려가고자 한 바람을 되돌아볼 때 떠오르는 이미지와 은유는 무엇인가?

내가 알고 지내는 교사, 함께 가르치는 교사들의 내면에는 어김없이 몽상가와 전도사의 면모가 조금씩 숨어 있다. 그들은 아이들과 함께하는 일이 학생 위에 군림하는 힘의 문제가 아니라 학생에게 힘을 나눠주는 문제라고 여기고 있거나, 적어도 살면서 그렇게 여긴 때가 있었다. 교사가 된 공통의 이유 가운데 하나는 타인에게 힘을 줄 수 있는 직업을 추구했다는 것이다. 구체적으로 들여다보면 자신이 얻지 못한 것을 아이들에게 주거나 자신이 특별한 어른에게서 받은 것을 아이들에게 되돌려주고, 그들의 삶에 결핍된 것을 찾아주기 위해서이다. 구조rescue는 또 다른 동기다. 그래서 빈곤의 고통이나 계급·인종의 상처를 극복하는 구원의 힘이 교육에 있다고 인식한다. 그런가 하면 작은 모욕으로 긍지와 자존감에 상처를 입어본 경험이 가르치는 삶을 꿈꾸게 된 동기가 될 수도 있다. 그런 교사들은 뚱뚱하거나 말랐다거나, 잘생기지도 예쁘지도 않았다는 소리를 듣는 사람들, 집안 배경에 '문제'가 있다거나 태도가 '나쁘다'는 평판을 듣는 사람들에게 매정한 사회가 입힌 상처를 사람들이 극복하도록 도울 수 있다는 희망을 품는다. 구원으로서의 교육이라는 개념에는 지식, 예술, 기능, 감수성, 읽고 쓰고 셈하는 기술이 집단은 물론 개인의 힘의 근원이라는 인식이 함축되어 있다. 그리고 가르치려는 의지에는 변화시키는 자로서 사람들이 사회 기준에 맞는 방식으로 자기 삶을 변화시키고, 나아가 사회의 변화에 기여하도록 돕겠다는 인식이 함축되어 있다. 앞서 말했듯이, 가르침은 본질적으로 낭만적이다. 이 말은 개인의 힘을 초월한 거대한 운동보다는 사람들의 노력으로 세상이 지금보다 더 좋아질 수 있다는 인식에 근거한다.

가면의 기수는 나로서는 존재하는 줄도 몰랐던 브롱크스 너머의 낯설고 새로운 미개척의 영역에 내가 스스럼없이 들어서도록 이끌어주었다. 줄리어스 할아버지는 그 영역의 지도를 내게 건네주었다. 당신을 위해 돌려달라는 것은 아무것도 없었고, 단지 나의 배움을 보며 기뻐할 뿐이었다. 토드 모런은 그의 형을 구하려 분투하며, 자기를 둘러싼 어른보다 강해져야 한다는, 모든 아이가 직면해야 할 과제를 감당해내는 법을 알려

주었다. 모차르트의 음악은 힘든 시절의 고통과 절망도 꺼뜨릴
수 없는 기쁨을 내게 안겨주었다. 나는 이들과의 만남 그리고
여기에는 기록하지 않은 또 다른 많은 만남에서 나를 가르침의
길로 인도하는 은유를 발견했다. 그것은 내가 조부모님과 당신
들의 세상에서 내 일의 토대가 되는 공평과 정의라는 핵심가치
를 찾은 것과 같은 과정이었다. 체제의 관성과 성패를 조장하
는 수사법, 교묘한 인종차별과 계급적 편견, 민주주의 이상을
실현하지 못한 우리의 집단적 실패를 남의 탓으로 돌리고 싶은
유혹…. 이런 상황에 마음이 흔들리고 나의 일과 투쟁에 대한
자신감이 침식될 때, 나는 이렇게 발견한 은유와 가치에서 저
항의 수단을 찾았다.

　불행히도, 많은 교사가 사회화되어 학생에게서 힘을 빼앗고,
그들을 판단하고 낙인찍으며 낙제시킨다. 이런 방식의 사고와
작용은 교사 양성 기관에서 동료와 감독자에 의해 학습된다.
그리고 소수의 성공과 다수의 실패나 소외에 기반을 둔 학교에
서 일상처럼 일어난다. 그러나 배움과 가르침을 향한 사랑으로
이끌었던 근원으로 돌아간다면 이를 비워낼 수도 있다. 우리는
당장의 학업 성적에 구애받지 말고 학생에 대한 신념을 지켜야
한다. 우리 자신과 벗들에 대한 신념의 근원과, 더 나은 학교를

만들기 위해 오랫동안 싸워온 이들이 전통으로 확립한 신념의 근원을 찾아야 한다.

우리 또한 우리가 학생에게 지우고 있는 바로 그 체제의 희생양이라는 사실을 간파해야 한다. 그러려면 학생을 외적 기준에 따른 규정짓기로부터 보호하고, 그 분류 체계가 우리의 심리에 끼친 영향을 검토한다는 이중의 과제를 수용해야 한다. 학생과 더불어 배우는 것은 숨기고 억눌리고 잊힌 우리 교사들 안의 그 모든 힘과 꿈을 발견하는 길이 될 수 있다. '더불어 배운다'는 것은 세상과 자아를 배우려 함께 노력하며 마음이 통하는 환경에서 가르칠 때 태어나는 선물이다.

동기를 다시 생각하다

약 십 년 전, 나는 말이 어눌하고 어떤 노력을 기울여도 읽기 능력에 진전이 없던 한 학생과 공부했다. 학교에서 볼 때 그는 낙인찍을 만한 대상이었지만, 나는 그의 부모와 그에게 지적·정신적 장애라는 딱지를 붙이려 드는 학교 측의 갖은 시도에 맞섰다. 나는 몇 년 동안 그와 함께 공부를 이어가며 내가 알고 있는 모든 기법과 전략을 구사해보았으나, 성과가 없었다. 그런데 열여섯 살이 된 작년, 로렌스가 드디어 글을 깨우쳤다.

어찌된 영문인지는 아무도 모른다. 나도 확실히 모른다. 고등학교 2학년이 시작되자 로렌스는 상담 교사를 찾아가 그가 듣기로 되어 있던 특수반 수업 대신 정규 영어 수업을 듣고 싶다고 했다. 상담 교사는 주저하며 그 자리에서 영어 교과서를 읽어보라고 시켰다. 로렌스는 또박또박하고 수월하게 읽어내려갔으며, 그해에 1학년 영어 과정을 이수했다. 3학년이 된 지금, 그는 2학년 영어를 잘 소화하고 있으며 4학년이 시작될 즈음에는 그 학년의 진도를 따라잡겠다고 벼르고 있다.(12년제인 미국 초중등 교육과정은 주에 따라 6-3-3, 8-4, 5-3-4 등으로 달리 적용된다.-옮긴이)

내가 로렌스에게 도대체 무슨 일이 있었는지 묻자, 그는 이제 때가 되었다고 판단해 열심히 노력했다고 덤덤하게 말했다. 어떻게 그런 일이 일어났는지는 그 자신도 정확하게는 몰랐다. 다만 여름 내내 책 몇 권을 붙잡고 씨름했더니 글의 대부분이 술술 읽히더라는 것이었다. 다행스럽게도 그는 낙인찍는 체제의 덫에 걸려들지 않았고, 거기서 빠져나오기 위해 자기 능력을 입증하는 수고도 덜 수 있었다. 그는 성적이 좋지는 않았지만, 평범한 학생으로서 성공과 실패를 구분 짓는 경계에 있다가 예기치 못한 향상을 보인 것이다. 나는 이와 같은 미스터리를 좋아한다. 로렌스의 부모와 나는 그를 지키기 위해 기울인 노력과 그에게 품은 믿음에 긍지를 느끼며, 로렌스가 자신의 배움을 주도하며 쏟은 노력에 더 큰 자부심을 느낀다.

동기라는 개념이 사회에서 통용되는 양상을 보면, 실패라는 개념이 사회에서 통용될 때와 흡사하다. 학교에서 별 반응이 없고 반항도 없는 학생은 딱히 이렇다 할 동기가 없다고 여겨진다. 게다가 어딘가 부족한 사람 취급을 받는다. 사람들은 동기 부족의 원인을 가정이나 지역사회 혹은 경제적 형편에서 찾기도 한다. 먹는 음식이나 뇌의 전자파 혹은 부모의 문화적 배경 탓으로 돌리는 경우도 있다. 이 모든 분석은 문제의 원인을 아이에게 돌린다. 이런 분석에 따라 따져보면 레니 피켓은 영어나 수학, 사회라면 모두 거부했으니 동기부여가 되지 않은 학생이었다.

동기를 이런 관점으로 본다면, 교사의 역할은 아이 또는 그 아이의 세계의 어떤 측면을 부정하거나 아이의 부족한 점을 고치는 데 있다. 아이의 상태가 심하지 않다면 아이가 관심 없는 일을 하도록 부추기는 것일 수도 있다. 그러나 동기라는 개념을 내려놓고, 교사가 원하는 대로 하지 않는 아이를 새로운 시각으로 본다면 상황이 달라진다. 아이의 성장을 이끄는 재능과 힘을 찾아내거나 혹은 직접 찾아내도록 아이에게 힘을 보탠다는 목표에 따라 탐험에 나설 수 있게 되는 것이다.

그러나 학생 한 명과 함께 그의 에너지와 사고력을 끌어당길 흥미진진한 활동을 찾아 나서는 일과 같은 일을 학급 전체를 대상으로 진행하는 것은 차원이 다르다. 내가 윌리엄과 함께 그에게 배움의 문을 열어줄 열쇠를 찾아 나설 수 있었다고 해도, 하루 다섯 시간, 일주일에 닷새라는 시간 동안 삼십 명 남짓 되는 아이들과 함께 그 탐험에 나선다는 것은 웬만한 노력으로 해결될 일이 아니다. 심지어 그 삼십여 명 중에는 내가 전해주는 것은 아무것도 받아들이지 않으려는 아이도 많다. 그럼에도 불구하고 잘 가르친다는 것의 의미를 되짚어보면 특정한 내용을 가르친다는 본연의 업무에 충실하면서도 그 많은 아이의 욕구에 귀 기울이는 능력이 적지 않은 비중을 차지함을 알 수 있다. 학급 전체를 조율하고, 교사로서는 내키지 않을 수도 있는 교육과정을 수행하면서 각각의 아이와 개인적 관계를 유지하려면 기술과 경험도 필요하다. 내가 5학년이었을 때 그 어려운 일을 해내는 선생님이 있었다. 그 선생님의 성함은 카츠였고, 우리 반은 학교 보일러실에 자리를 잡고 있었다. 당시는 2차 대전 직후로 우리 학교에는 여전히 '승리의 텃밭victory garden'이라고 해서 전쟁 기간 중에 학생들이 물자 보급에 힘을 보태기 위해 가꾸던 터가 있었다. 그 당시 우리 반 규모는 거의 사십 명에 가까웠을 것이다. 나는 아이들 틈에 숨어 지낼 수 있는 큰 학급이 좋았다.

은폐술은 그 시절 나의 특기였다. 나는 뚱뚱하고 못생겼다는 열등감이 있었고, 평소 천식을 앓았던 데다 피가 나도록 손목을 긁는 버릇까지 있었다. 그래서 새살이 돋으면 다시 긁지 못하게 하려고 손목을 거즈로 싸매고 다녔다. 나는 늘 교실 뒤쪽에 앉았으며, 글을 소리 내어 읽거나 질문하는 시간이 되면 얼굴을 책 뒤에 파묻은 채 결코 손을 드는 법이 없었다. 그 대부분의 시간 동안 나는 글에 실린 그림 속으로 들어가는 환상에 빠져들어 모험을 꿈꾸곤 했다. 내가 속한 반에는 적극적이고 눈이 초롱초롱한 아이가 많아서 선생님의 주의를 끌려고 늘 여기저기서 손을 흔들고는 했다. 지금 돌이켜보면 카츠 선생님은 내가 책 뒤에 숨는 것을 알면서도 숨어 지내도록 놔두셨던 것 같다. 여느 선생님 같으면 나를 일으켜 세워 반 아이들 앞에서 망신을 주거나, 심하면 부모님을 불러내 내가 공부할 마음이 없으니 동기부터 찾아주는 편이 낫겠다고 말할 수도 있었을 것이다.

선생님께는 배우지 않을 거예요

1학년 때는 아버지가 내게 이런저런 동기를 주었지만 나는 당시 담임이었던 쿠퍼 선생님이 읽기를 가르치려 아무리 애를 써도 듣는 둥 마는 둥 했다. 그때 우리는 단어를 덩어리째 보고 즉각 말하는 식으로 읽고 '딕과 제인'이라는 기초 읽기 교재를 사용했다. 하지만 '딕, 놀자', '제인, 놀자', '점박아 이리 오너라'에 나오는 단어를 익히는 일 따위로는 아무래도 흥미가 돋지 않았다. 나는 애디 고모가 읊어주는 동요와 이야기를 즐겨 들었고, 그림책을 보거나 이야기를 짓는 것도 좋아했으나 이 점박이 이야기는 도무지 납득을 할 수 없었다. 어느 날 쿠퍼 선생님은 가정 통신문을 보내 아버지와 면담을 해야겠다고 알렸다. 내가 살던 동네의 노동자 계급 사람에게 있어 한 집의 가장을 학교로 불러낸다는 것은 곧 하루의 반은 일하지 말라는 뜻이었고, 이것은 곧 가족 전체를 벌주는 일이나 마찬가지였다. 무언가 단단히 잘못된 게 분명했다.

아버지가 학교에 오시자, 쿠퍼 선생님은 나를 자리에 앉히고 기초 교재의 단어를 짚으며 읽어보라 시켰다. 나는 '딕'을 '점박이'로, '점박이'를 '제인'으로, '놀자'를 '딕'으로 읽었다.

아버지는 화가 났다기보다는 당황한 기색이 역력했다. 평소 모자란 구석이라고는 전혀 보이지 않던 아들이 어떻게 그런 걸

모를 수 있단 말인가. 그런데 나는 그 상황을 눈치 채지 못했다. 그 상황이 그저 게임인 줄로만 알았다.

나는 집에 도착해서야 무슨 상황인지 감을 잡기 시작했다. 아버지는 나의 미래를 위해, 가족의 명예를 위해 그리고 지역 사회의 체면을 위해 읽기를 깨우쳐야 한다고 단호하게 말씀하셨다. 그것은 내가 해야 할 일이었다. 다음날 아버지는 시내에 있는 반스앤노블에서 사둔 '딕과 제인' 교재 한 세트를 가져와 그날 발행된 〈뉴욕타임스〉와 함께 주셨다. 내가 할 일은 읽기를 깨우치는 것이었다. 게다가 나는 〈뉴욕타임스〉의 첫 몇 장에 나오는 머리기사에서 단어 '더the'를 전부 오려 종이에 풀로 붙여야 했다. 단어 '더'를 다 익히고 나면 아버지는 다른 단어를 오려붙이게 했다.

이 모든 일의 배경에는 쿠퍼 선생님이 하라는 대로 하지 않으면, 그것도 빨리 하지 않으면 나쁜 일을 당할 것이라는 노골적인 위협이 있었다. 이것으로 나는 동기부여가 되었고 겨우 몇 주 만에 학교식 읽기를 깨우쳤다. 사실 그것은 나에게 읽기가 아니었다. 의미 있는 단어를 읽는 행위가 아니었다. 그저 해야 할 일을 하는 것에 불과했고, 몇 년이 지난 후 카츠 선생님의 수업에서도 나는 여전히 그 일을 꽤 잘하고 있었지만, 흥미

선생님께는 배우지 않을 거예요

가 없기는 마찬가지였다.

카츠 선생님은 나에게 동기를 유발하려는 일은 결코 하지 않았다. 내가 수업 중에 늘어져 공상에 잠겨도 내버려두었다. 그때는 딱히 골칫덩어리 같은 행동도 하지 않았다. 키가 15센티미터가량 크고 호리호리해진 중학교 시절에 접어들어 반항심에 몸을 대자로 축 늘어뜨리는 정도였다. 그렇다고 카츠 선생님이 나를 무관심 속에 방치한 것도 아니었다. 바깥 활동 시간이나 점심을 마치고 학교로 돌아와 보면, 카츠 선생님은 반 아이들과 개별적으로 대화를 하거나 삼삼오오 어울리며 이야기꽃을 피웠다. 그 모습에서 형식적이거나 무서운 구석이라고는 찾아볼 수 없었다. 선생님은 우리를 알아가는 중이었고, 나도 그녀와 함께 보낸 순간이 즐거웠다.

한번은 선생님이 내 쪽으로 왔다. 승리의 정원 가장자리에 심은 붓꽃 바로 앞이었던 것으로 기억한다. 선생님은 사회 수업을 할 때 내가 책 뒤에 숨어 무슨 생각을 하느냐고 물었다. 어떠한 격식도 없이 편안한 말투에 지적하려는 의도는 전혀 보이지 않았기 때문에, 나는 무심결에 이렇게 대답하고 말았다. "책에 있는 그림 속에 내가 있다고 상상하는 거예요."

카츠 선생님은 내가 그토록 상상력이 풍부하다니 놀랍다며 언젠가는 내가 그 모험을 그리거나 글이나 음악으로 표현할 날이 올지도 모르겠다고 했다. 그게 전부였다. 우리는 다시 수업을 하러 들어갔고, 선생님은 그 학기가 다 가도록 내가 책 뒤에 숨는 것을 문제 삼지 않았다. 그러는 내내 나는 선생님과 함께 무언가 놀라운 일을 꾸미면서도 아무도 모르게 넘어간 듯한 기분이 들곤 했다. 나중에는 자진해서 잔심부름을 한다거나 방과 후에 칠판을 지우는 등 자잘한 일로 선생님을 기쁘게 하려 애쓰기도 했다.

교사－학생, 가르침－배움을 연결하기

선생님이 내 안에서 기리고 존중할 만한 무언가를 알아본 그 한순간이 내 초등학교 시절의 절정기였다. 그런 순간은 동기를 초월해 사람들이 자기 내면의 욕구를 알아내도록 힘을 보탤 때, 충만하고 풍족한 삶을 누리기 위해 갖추어야 할 됨됨이를 찾는 여정에 오르도록 할 때 결정적인 역할을 한다. 교사로서는 누군가에게 마음을 쓰는 것이 그들을 강하게 만들 수 있는 유일한 순간이며, 더 친절하고 환대하는 세상에서라면 그가 장차 어떤 사람이 될지 눈에 보이는 순간이다. 학생으로서는 다른 누구도 아닌 자기 자신으로 존재한다는 사실에 기뻐할 수 있는 순간이다.

나의 가르침은 어린 시절 나의 꿈과 학교 경험에서부터 구체화된다. 나는 아이로서의 자아를 통해 내 학생들과 이어진다. 교사가 아이와 함께하는 일을 자신이 겪은 최고, 최악의 배움뿐만 아니라 어린 시절 품었던 열망과 꿈에 연결하는 작업은 매우 중요하다. 학교 안팎에서 얻은 배움의 경험을 되돌아보는 일은 가르침과 배움의 철학을 발전시키기는 좋은 방법이다. 부정적인 경험도 긍정적인 경험 못지않게 가치 있다. 어린 시절, 돌아오는 울림 없이 품기만 했던 갈망 또한 학생을 위한 프로그램 설계에 유용하며, 그 효과는 실제 이루었던 성과 못지않다. 가르침이 가슴 속에서 우러나오려면 교사 내면의 삶 그리고 배우면서 겪은 모험과 연결되어야 한다. 판단력을 키우고 전문가들이 교사에게 내민 모든 프로그램과 이론을 자세히 살펴볼 수 있는 능력은 그런 마음가짐에서 나온다.

자신의 경험을 되돌아보는 작업 말고도 학생과의 지속적이고 허물없는 접촉으로 그들이 자신을 드러내고 힘과 포부를 밝히게 할 수 있다면, 가르치고 학생의 마음을 움직이는 능력이 높아지며 그들의 성장을 끌어줄 것이다. 학생과 요모조모 사소한 일도 나누고, 그들의 글에 사적으로 응답해주며, 학교생활을 벗어나 즐기는 것이 무엇인지 물어보는 일상의 접촉 등이 그런 경우다. 그들의 말에 귀 기울이고 그들의 관심사와 물음에 응할 수도 있어야 한다.

학생과 친근해진다는 것은 복도나 거리에서 가볍게 인사를 나누거나 대개 학교에서는 짓지 않는 표정이나 동작을 하는 등 간단한 행동으로 이어질 수 있는데, 젊은 교사는 이로 인해 곤란한 상황에 빠질 수도 있다. 공교육에서 가르쳐본 경험이 없는 사람에게는 이 말이 어이없게 들릴 수도 있지만, 나에게는 젊은 시절 '학생과의 사교가 지나치다'는 이유로 나쁜 평가를 받은 기억이 생생히 남아 있다. 당시 교장에 따르면, 이런 지적은 내가 이따금 근무 시간 외에도 구내식당에서 학생과 한자리에 앉아 이야기하고, 복도나 학교 밖에서 스스럼없이 인사를 주고받는 행동을 두고 나온 것이었다. 그는 나의 이런 처신이 교사답지 못한 것이며 학생의 존경을 받지 못할 것이라고 꾸짖었다. 그런 점에서 그는 확실히 교사다웠다. 학생들이 그의 차가운 면모에 존경을 보낸 적이 결코 없었다는 점을 제외하면 말이다. 그리고 나는 평판에 신경 쓰기보다는 늘 교사로서의 일과 학생과의 관계에 신경을 썼다(비록 살아남아 싸움을 계속하기 위해 해고되기보다 타협을 선택한 때도 있었지만).

가르침을 개인적 요구에 맞게 조정하려면 대부분의 교사에게 익숙한 평소 방식 이상으로 학생과 많은 시간을 보내야 한다. 그러나 학교에는 가족 같은 느낌이 있어야 하고, 학생이 마음을 터놓고 그들의 포부와 숨겨둔 힘을 드러내도록 하려면 교사는 가까이 다가갈 수 있는 존재여야 한다.

학급 내의 일을 수행하다 보면 우연히 학생 개인 혹은 소모임 활동에서 특이사항을 관찰할 기회가 온다. 이런 관찰도 격식 없는 만남과 가르침으로 이어진다. 여러 측면 중에서도 가르침에 요구되는 것은 촉이다. 교사는 학생이 내보내는 무언의 메시지를 눈과 귀를 넘어 온몸으로 감지할 줄 알아야 한다. 교사의 촉에는 절박한 위기의 신호를 수신하는 데 특화된 것도 있으며, 감지하기 어려운 내적 동기나 개인적인 감정을 포착할 정도로 예민한 것도 있다. 이 모든 감각이 편안하게 안심하고 배울 수 있는 환경을 조성하는 데 보탬이 된다. 드물기는 해도 반항의 조짐이나 내적 동기가 아닌, 기쁨과 자부심의 잠재적 출처가 암시된 신호를 지속적으로 탐지하는 촉도 있다. 보통은 조용하며 권태를 드러내는 아이가 특정한 이야기나 일을 접해 눈을 반짝이는 순간이 있다. 아이가 점심시간에 교사를 잡아 세우고 집이나 TV에서 본 흥미로운 내용을 이야기할지도 모른다. 늘 활달하고 눈에 띄게 열의 넘치던 학생이 어떤 주제를 접한 순간 조용히 사색에 잠기기도 한다.

이 모든 신호는 심층에서 아직 드러나지 않은 채 세상과 닿기만을 기다리는 재능이나 열망을 가리키는 지표일 수 있다. 어떻게 하면 잘살고 성공할 수 있는가를 두고 한 가지만 가르치거나 한두 가지 모델만을 투사하는 학교는 많은 학생의 다양한 재능과 기술을 하찮게 여긴다. 사람이 할 수 있는 유익한 일이 그렇게나 많은데도 학교가 소수의 직종에만 주의를 기울이는 현실은 참으로 안타깝다. 학생이 장차 어떤 사람이 될지 알수 없어서, 잠든 채 미개봉으로 남아 있는 재능은 과연 얼마나 될까? 잠재된 능력은 계발되어 진가를 인정받아야 할 신비의 영역이다. 그렇기 때문에 나는 모든 아이에게 저마다 잠재된 미지의 능력이 있다고 생각하며, 아이들이 다양한 방식으로 세상에 존재할 가능성을 시험해보도록 내가 생각해낼 수 있는 모든 기회를 주려고 노력한다.

학생이 장차 어떻게 될 것인지, 무엇을 열망하는지를 지각하는 것만으로는 충분하지 않다. 후속 작업이 따라야 하며, 그들을 꿈으로 데려다줄 수 있는 선물을 주어야 한다. 체스 세트나 간단한 과학 상자, 학생의 관심이 엿보이는 분야에서 일하는 이와의 만남, 연구실이나 무대 방문,《문신한 사나이》가 나에게 그랬듯 아이에게 말을 걸어줄 만한 책. 모두 아이의 삶을 바꾸고 공허만이 남은 자리에 희망과 기쁨을 발아시킬지도 모를 선물이다. 선물은 가르침에 없어서는 안 되는 것이다. 그리고 선물은 언제나 되돌아온다. 교사가 아닌 학급 전체로 되돌아온다. 선물은 서로 관심을 주고받는 분위기를 조성하기 때문이다. 교사가 아이 하나하나에 개인적 관심을 보이고 배움이라는 열매로 아이들의 허기를 달래주면, 그들은 서로에게 큰 관심을 보이기 시작한다. 그렇게 해서 우리 어른이 느끼지 못하는 지점을 아이들은 느낄 수 있게 된다. 그것은 아이들이 이 세상에서 환영받는 존재이며, 함께해서 또 알게 돼서 기쁜 존재라는 사실이다.

부정성을 부정하기

요즘 학교에서는 학생을 삶의 공포에서 보호하려는 추세가 두드러진다. 그러다 보니 교육 전 과정에 부정적인 장막이 드리우고 있다. 지난 삼 년 동안 나는 전국 각지의 학교를 방문하여, 사회적 혼란과 경제적 절망의 한복판에서 더 나은 배움의 공간을 만들려고 노력하는 교육자들과 일해왔다. 내가 전국의 학교에서 목격한 것은 금지 말고는 대안이 없는 세상, 언제라도 들이닥칠 듯한 폭발과 폭풍의 기운 그리고 여기서 유래한 압도적 좌절감이다.

복도와 교실 벽에 붙은 홍보물을 둘러보면 그 학교에 대한 사실을 많이 알 수 있다. 아래의 내용은 요즘 고등학교에 가면 흔히 보이는 것들이다.

- AIDS 예방 정보
- 마약, 알코올 방지 포스터와 안내 책자
- 강간, 데이트 강간 방지 자료
- 반호모포비아, 반인종차별, 반성차별 자료
- 안전한 성관계와 금욕 프로그램 홍보 포스터
- 반폭력 기록물, 가끔씩 보이는 총기 규제 기록물
- 훈육과 수색 절차
- 역기능성 습관을 물리친 사람들(종종 학생)의 증언
- 개인의 노력의 중요성, 경쟁의 가치와 자유 기업 경제의 장점에 대한 선전 문구

문화적 자부심이나 지역공동체의 자랑거리, 예술적 진실성,

삶의 기쁨과 희열을 긍정하는 내용은 쉽게 찾아볼 수 없다. 기쁨은 학교에 출석하지 않는 것으로 보인다. 정치인들이 '이제는 단호해져야 할 때'라고 외치면 학교는 '열심히 공부해야 할 때'라는 메아리를 내보낸다. 교육에 대한 기대 수준은 내려가고 미국이 세계의 주도권을 잡아야 한다는, 형체도 없고 해묵은 욕망을 위해 자신을 희생하라는 메시지가 울려 퍼진다.

이와 같은 부정성은 학생에게 고스란히 전해지며, 학생의 삶은 그들이 미디어를 통해 겪거나 목격하는 폭력에 의해 규정된다. 그것은 배움의 큰 장애물로서, 학생의 삶이 장차 충만해지고 만개하도록 마음을 쓰는 교사라면 누구나 이 장애물에 직면한다. 희망의 부재 속에서 가르친다는 것은 아무리 배려 깊고 정력적인 사람이라도 사기가 꺾일 정도로 무거운 짐이 되는 일이다. 게다가 감수성이 풍부한 오늘날의 교사들에게도 해를 입힌다. 이 부정성을 부정하는 것이 우리의 역할이며, 이 일은 정말로 존재하는 잔혹한 상황을 부인하기보다는 우리가 학생에게 가져다줄 수 있는 가능성과 에너지와 사랑을 긍정함으로써 이루어질 수 있다. 우리는 아이들의 삶과 지역과 사회의 명백한 절망 속에서도 희망을 잃지 말아야 한다. 우리는 꿈을 꾸는 사람이 되어야 하며, 현실세계와 동떨어져 있다는 어리석은 비난에 흔들리지 말아야 한다. 현실보다는 우리의 노력과 아직 개봉되지 않은 학생의 재능 그리고 무한한 에너지로 실현될 수 있는 미래가 더 중요하다.

자기자신으로 돌아가는 여행을 돕는 교육

예기치 못한 뛰어난 재능이 돌봄과 배려의 교육을 통해 나오는 과정은 참으로 기묘하다. 모든 학생이 삶의 중심이 될 직업을 찾거나 사랑하는 일을 찾으리라는 보장은 없다. 그러나 보다 나은 자리를 스스로 찾을 자유 그리고 남의 생각을 강요받거나 남의 이익을 좇는 데 이용당하지 않고 자신의 가능성을 시험해보는 능력은 충만한 삶을 성취하기 위한 핵심 역량이다. 나는 학생들이 더 넓은 세상에서 자신의 자리와 재능 그리고 역할을 탐구하도록 용기를 돋우는 일이 가르침의 핵심이어야 한다고 믿는다. 《문신한 사나이》는 바로 그 탐구, 즉 책의 발견에서부터 그 안에 묘사된 항해로 이어지는 탐구를 상징한다. 그로 인해 나의 세상은 확장되었고, 앞으로의 나에 대한 낭만적 이상을 찾았다. 글쓰기와 교직으로 향하는 방향을 찾았다. 호화 여객선이 아닌 부정기 화물선이었지만, 그 여정에는 기쁨이 함께했다. 부정기 화물선 애러비호의 항해는 나를 나고 자란 세상 밖으로 데려다 주었으나, 동시에 나를 고향에 남게 해 주었다는 사실을 이제는 이해할 수 있다. 나에게 있어 사나운 바다 위를 떠도는 허름한 배의 위험하고도 초라한 항해라는 상징은 초음속여객기에 올라 대양 위를 나는 비행보다 훨씬 강렬하다. 나는 바다 위 하늘을 질주하는 것보다 바다를 항해하는 것이 더 좋다. 《문신한 사나이》는 애러비호의 귀환으로 끝을 맺는다.

　몸을 돌려 팽팽한 동아줄에 매인 채 말도 생기도 없이, 그럼에도 불구하고 당당하게 떠 있는 애러비호를 바라보자 그〔토드 모런〕는 정박장을 향해 끌리는 듯한 심장의 박동을 느꼈다. 여기서 이럴 수는 없어! 이런 식으로 가다간 그는 채 한 달도 되기 전에 다시 바다로 나가고 싶어질 것이다. 부둣가의 생명이 그의 주변으로 흘러 들어오는 동안, 그는 아무 말 없이 그 자리에 서 있었다.*

　토드 모런의 항해와 그로부터 내가 배운 내용은 가면의 기수와 마찬가지로 40년이 넘게 나와 함께하고 있다. 나는 불치의

---

* 　*The Tattooed Man*, p. 331

낭만주의자로서, 소위 말하는 현실세계에 주눅 들기를 거부한다. 감당할 수 있을 정도로 완화되긴 했지만 여전히 천식을 앓고 있다. 이따금 가슴을 조이는 통증이 엄습할 때면 어린 시절 해질 무렵에 느끼던 불안이 찾아오곤 한다. 어린 시절의 두려움과 공포는 잦아들지는 몰라도 사라지지는 않는다. 자신의 세상이 점차 커짐에 따라 두려움과 공포도 점점 작아질 뿐이다. 나는 운이 좋다. 가르치는 일과 글쓰기를 좋아하기 때문이다. 그 둘 안에서 나는 불행과 폭력, 그토록 많은 이가 일상에서 겪는 단순한 부당함과 싸운다.

내가 가르쳐온 모든 아이, 내가 알고 함께 일해온 많은 교사들 속에도 낭만적인 구석이 있다. 나는 그 부분을 키우고자 노력한다. 낭만적인 감성은 현재의 상황이 아무리 가혹하고 절망스러워 보일지라도 이 세상 누구에게나 놀라운 일이 일어날 수 있다는 깨달음으로 이어진다. 이토록 어리석은 희망과 그로 인한 기쁨이 긍정과 실험으로, 나아가 자신에게 거는 기대와 '하고 말 거야'라는 다짐으로 이어질 수 있다. 그리하여 아무리 미약한 수단이라도 끌어모아 희망이 이끄는 곳으로 나아갈 수 있다. 그것은 내면의 힘을 긍정하는 일이지만, 우리 사회의 많은 아이는 늘 이 힘을 억누르려 하는 맹공에 직면한다. 교사이든

선생님께는 배우지 않을 거예요

아니든, 우리 어른들이 아이들에게 줄 수 있는 선물 중 타협할 수 없는 사랑과 지지, 우리가 모을 수 있는 모든 지혜보다 훌륭한 것을 나는 알지 못한다. 그 한편에서 아이들은 해야 할 일을 배우고 자기 내면의 절박한 요구에 어긋나는 일에 저항할 것이다. 더 나은 세상은 남의 요구에 방해받지 않고 오롯이 성장한 사람들이 만들 수 있다.

이야기
셋

수월성, 평등, 공평성

교육과정에 깃든 편견의 그림자

1910년, 심리학자이자 컬럼비아대학의 교수인 에드워드 손다이크Edward Thorndike는 5학년에서 8학년에 해당하는 학생의 필적 2만 가지를 표본으로 수집했다. 그는 필적 전문가로 구성된 팀과 함께 서법의 본보기와 표준이 된다고 판단한 필체를 감정하여 '수월성excellence*'의 순서에 따라 10단계로 등급을 매

---

*excellence: 사전적으로는 탁월함 내지 뛰어남으로 풀이된다. 교육 분야에서는 수월성(秀越性)이라는 역어로 통용되나 국어사전에는 아직 정식으로 등재되지 않았다. '수월'은 쉽다는 의미의 '수월하다'가 아닌 '뛰어나다'는 의미이다. 우리나라에서 자주 쓰이는 수월성 교육이란 말은 본디 학생이 다양한 활동을 통해 최선의 상태에 이르도록 이끈다는 의미이다. 그러나 피교육자의 뛰어난 능력을 살리는 교육 또는 영재교육의 맥락에서 잘못 이해되기도 한다. – 옮긴이

겼다. 그렇게 수월성의 기준을 세우고 등급을 매기는 일이 가능하다는 손다이크의 가정은 이후 아이들의 삶을 다시는 되돌릴 수 없을 만큼 크게 바꾸어버렸다. 일단 필적을 측정할 수 있게 되자 손다이크가 정한 표준을 익힐 수 있도록 서법 교재가 나왔고, 학교에는 읽기 쉽고 유려하면서도 개성 있는 필체를 익히도록 권하는 대신 손다이크의 10단계에 맞는 필체를 가르치라는 지침이 떨어졌다.

초등학교 시절 고문처럼 느껴지던 서법 수업이 기억난다. 표준 펜과 펜촉으로 글을 쓰다 보면 손과 옷 여기저기에 잉크가 묻지 않도록 조심해야만 했다. 선생님들이 정한 기준에 따라 평가를 받던 기억도 난다. 당시에 내가 받은 '7급', 'B-'의 필체는 지금 생각해도 알아보기 쉬웠고, 좁고 기울어지고 딱딱한 10급의 필체보다 내 개성이 더 잘 드러났다고 보지만, 나는 결코 10단계에는 이르지 못했다.

손다이크의 필적 연구 외에, 영작문과 셈법에 적용할 표준도 1910년에서 1920년 사이에 개발되고 있었다. 이런 시도에는 지능과 학업 성취도를 결부시킬 수 있으며, 각 학과목은 최하에서 최고에 이르는 여러 등급의 단일 위계 구조로 편성되어야 한다는 개념이 반영되어 있었다. 수월성에도 다양한 종류가 있

선생님께는 배우지 않을 거예요

을 수 있다는 사고는 초기 평가 개발자들의 안중에 없었다.

1차 세계대전을 계기로 평가 개발과 시행 산업은 엄청난 탄력을 받았다. 당시 미국 육군에서는 복무 적합도를 기준으로 힘든 일을 맡길 사병과 사관학교에 보낼 대상자를 판단하기 위해 집단평가를 실시했다. 1917년 9월부터 1919년 1월에 걸쳐 육군장병 172만 6,960명을 평가하면서 교육심리학에 근거한 사업과 평가 산업이 크게 성장하기 시작했다.

당연하게도, 육군의 평가 개발과 시행 담당자들은 고등교육을 받은 백인 중산층 남성이었으며, 그들은 권력자인 자신들의 관점이 편견을 조장하는 요소가 되리라는 생각은 해본 적이 없는 사람들이었다. 읽기와 쓰기를 비롯해 학업과 관련된 기술의 수월성이 군 내 리더십을 가늠할 수 있는 척도라는 가정이 평가에 반영되었다(만약 내가 군복무를 한다면, 15년 동안 셰익스피어를 연구한 사람보다는 같은 기간 동안 건설 현장을 이끈 사람 밑으로 들어가는 편을 선택할 것이다). 놀랄 것도 없이, 대학 교육을 받은 상위 중산층과 중산층 출신이 가장 좋은 성적을 받았고, 당연히 지능도 우월하리라는 예상이 더해져 장교로 선발되었다. 노동자와 빈민 계층 사람들은 전투 병과로 배치되어 전선으로 투입되었다. 아프리카계 미국인은 백인 중심의 군 체제에 시중을 드는 미천한 병과로 분류되었다.

실제 평가 개발자들은 계층과 인종에 따라 편향된 평가 결과에 놀랐을지도 모른다. 그러나 초기 평가를 보면 편견이 고의적으로 적용되었다는 증거를 찾을 수 있다. 〈크라이시스*the Crisis*〉 1925년 호에서 두 보이스**W.E.B.Du Bois**는 루이빌에서 아프리카계 미국인과 백인을 대상으로 일련의 성취도 평가가 실시되었다는 사실을 언급한다(〈크라이시스〉는 아프리카계 미국인운동 지도자인 두 보이스가 창간한 잡지-옮긴이). 당시 백인은 아프리카계 미국인이 그들 못지않은 성적을 내자 난처한 기색이 역력했다. 결국 기존의 평가 결과는 유효하지 않은 것으로 결정돼 철회되고 새 기준이 적용되었으나, 이 말은 평가 결과가 '올바로' 나오게끔 '재조정'하겠다는 말을 완곡하게 표현한 것이었다.

표준 필체와 육군의 평가는 수월성의 기준을 논할 때 종종 인용되는 사례다. 두 사례에서 여실하게 드러나듯이, 수월성은 판단의 문제다. 따라서 수월성이 무엇이고 표준은 무엇인지, 규칙과 법과 평가와 사회에 일치한다는 것이 무엇인지를 논하기보다는 공평성equity*에 대해 논의하는 편이 좋을 것이다. 세카다**W.G.Secada**는 〈뱅크스트리트 교육대학 연감 1호*First Annual Yearbook of the Bank Street College of Education*〉에 인용된 글에서 다음과 같이 공평성의 의미를 설명하고 있다.

공평성의 핵심은 우리의 행위가 규칙과 일치한다 해도 그 결과가 부당할 수 있다는 점을 인정하는 데에 있다. 규칙이 정의의 달성을 목표로 한다는 점을 우리가 인정했다 하더라도, 공평성에는 규칙의 준수를 초월하는 의미가 있다. … 따라서 교육 현장 내에서 수행하는 특정 행위가 정의로운지의 여부와 그 행위로 야기된 상황을 점검하는 수단으로서 교육적 공평성을 수립해야 한다.

공평성을 향한 책무의 핵심에는 공정한 것과 적법한 것이 반드시 일치하지는 않으며, 정의를 향한 노력에서 정의의 개념과 상충하는 규칙이 있으면 저항하거나 개정을 요구해야 한다는 정서가 있다. 여기에는 정치나 법적 권위보다는 도덕적 권위에 대한 호소가 담겨 있다. 그러나 도덕적 권위에 대한 호소에는 법규나 소환, 선례와 같은 법적 개념이 없다. 따라서 공평성의 문제는 이상, 선악의 개념에 따른 책무, 선한 편에서

---

*equity : 공평, 형평, 공정, 정당 등으로 풀이되며, 교육학 · 교육평가 · 행정 · 경제 · 복지 등 분야별로 적용하는 역어에도 통일성이 없다. 본 책에서 콜은 대상의 문화 · 환경 · 성별 · 가정 등 배경에 따라 가치의 배분이나 실행, 평가 기준 등을 적절하게 적용해야 한다는 의미로 사용하고 있다.— 옮긴이

행동하겠다는 결의의 문제로 보아야 한다.

마찬가지로 수월성을 결정하는 문제에는 객관적 서술과 확실성의 차원을 넘어서는, 무엇이 최고인가라는 개념에 따른 개인적, 문화적 책무가 따른다. 그러므로 공평성에 대한 특정한 입장이나 수월성에 관한 한 가지 정의를 지지하는 의사를 밝힌다는 것은 증거를 열거하여 일련의 추론을 도출하는 문제일 뿐만 아니라 언어의 수사와 전달, 일화anecdote와 연결되는 문제이기도 하다.

다문화 교실과 공평성

몇 해 전, 텍사스 남부에 있는 어느 초등학교를 방문한 적이 있다. 교장실 밖에 있는 현관에는 업자가 공들여 만든 전시물이 학생과 부모, 방문객을 맞이하고 있었다. "여러분에게도 우리 아이들처럼 놀라운 일이 생깁니다"라는 문구가 약 1미터 정도 높이에 붙어 있고, 그 밑에는 아이 네 명의 실물 사진이 있었는데 교장처럼 모두 백인이었다. 사진 속 아이들은 하나같이 자부심이 넘치는 미소를 발산하며 새 가방을 메고 반짝이는 도시락 가방을 들고 있었다. 교장은 그 전시물을 가리키며 이 학교의 정신을 표현했다고 설명했다.

선생님께는 배우지 않을 거예요

경제적으로 열악한 지역에 자리 잡은 이 학교의 아이들은 전부가 멕시코인 또는 치카노Chicano라고 불리는 멕시코계 미국인이었다. 현관 벽에 붙은 사진과 생김새가 조금이라도 비슷한 아이는 한 명도 없었다. 재학생 대부분이 급식 지원 사업 대상자로, 담아 가져갈 것이라고는 아무것도 없었으니 도시락 가방을 가져오는 학생도 없었다.

이 전시물이 학생과 지역사회에 반감을 줄 수도 있겠다는 의견을 전하자, 교장은 내가 잘 모르고 하는 소리라며 자기 말을 이어갔다. 벽에 붙은 그 아이들은 이 학교 학생을 대표하는 모델이며, 되려고만 한다면 달성할 수 있는 본보기라고 했다. 매일 그 모델을 보는 학생들은 모델이 자신들과 하나도 닮지 않았다는 사실을 뻔히 알 텐데, 아이들이 과연 무슨 생각을 할지 헤아려보았느냐고 묻자, 그는 다문화 교육의 취지에 반하는 설명을 장황하게 늘어놓기 시작했다. 그는 학교에서 영어만 사용하도록 하는 것이 자기의 목표라고 말하면서 학생은 자기 본분에 충실하고 부모는 학교 정책을 지지해주던, 그 좋던 옛 시절은 다 끝났다는 이야기를 이어갔다. 이제 학생은 잘 배우지도 못하고, 부모들은 신경도 안 쓴다고 탓했다. 그러면서 학생이 잘 배울 수 있도록 전 교직원이 갖은 노력을 다했는데 이곳 학생들이 미국 교육의 준엄한 현실을 제대로 따라가지 못하는 것뿐이라고 나를 납득시키려 했다. 그가 넌지시 비춘 대목을 짚어, 그러면 모든 학생이 최근에 이주하기라도 한 것이냐고 묻자, 그는 나를 멍하니 쳐다보았다.

나는 이 주제를 일단 내려놓고 이 학교에 나를 초대한 부모들, 교사들과 시간을 보냈다. 그들 중에는 이 지역에서 몇 대에 걸쳐 살아온 사람이 많았다. 부모들은 극심한 좌절감을 드러냈다. 교사들은 학교생활에서 전반적으로 느껴지는 분위기를 우울의 정서라고 보았다. 그들이 말하는 '우울'이 무슨 의미인지 감이 오지 않아 나는 어떤 연유로 그런 고민을 하는지 구체적으로 설명해달라고 부탁했다. 내가 이들과 며칠간 나눈 대화에 따르면 공평성에 대한 이들의 시각과 수월성에 대한 교장의 개념이 부딪히며 나온 갈등이 그 배경에 있었다.

교장에게 평등이란 모든 아이에게 같은 기회를 적용해, 같은 교과서를 읽고 같은 평가를 치르며 같은 문항에 대답한 결과 뛰어난 수준에 도달하는 것을 의미했다. 그는 평가의 내용, 평가 문항의 성격, 교사의 왜곡된 기대 등의 외적인 부분은 배움을 간섭하거나 방해할 수 있는 요소가 아니라고 생각하는 모양이었다. 부모가 속한 지역사회의 문화적 저력을 이해하는 일이

선생님께는 배우지 않을 거예요

학생의 학업성과에 영향을 준다고 생각하지도 않았다.

이곳 부모들과 두 교사에게 이 문제는 공평성을 둘러싼 논의에서도 쟁점으로 떠올랐다. 이들에게 공평성은 평등보다 더 중요한 화두였다. 그들은 편향된 교과서를 동등하게 읽을 기회라는 사고 자체가 공평성에 어긋난다고 생각했다. 그들은 이런 사고 때문에 그들의 자녀가 모욕을 당하고 혼나는 것이라고 느끼고 있었으며, 학교가 총명한 아이들을 바보로 만든다고 생각했다. 여기서 '그들의 자녀'라는 말에 방점을 찍어야 한다. 그 아이들은 자기 능력을 판단하고 진로를 결정하기 위한 경쟁 체제 안에 내던져진 그냥 학생이 아니었다. 개인과 문화의 진실성을 이어가면서도 더 좋은 삶을 만들 것이라는 미래이자 희망이었다. 그 부모들 중에 멕시코의 뿌리와 단절하고 스페인어를 버리려는 사람은 거의 없었다. 그들에게는 국경 너머에 사는 친척이 있었고, 두 나라에 더불어 살면서 두 개 언어를 썼으며, 하나의 문화적 전통을 따르는 동시에 또 다른 문화를 품고 살았다. 그들과 그 자녀들에게 다문화성은 일상적으로 겪는 실존의 문제였다. 여기서 공평성 문제는 그들 존재에 대한 진실이 학교에서 어떻게 존중받을 수 있는가, 학교가 정한 수월성의 개념에 어떻게 반영될 것인가라는 고민으로 구체화되었다. 그것은 그 아이들에 대한 존중이 어떻게 하면 그들이 배우는 교육과정과 학과목에 고루 미칠 수 있는가의 문제였다.

이 교사들과 부모들은 멕시코와 텍사스의 역사를 다른 교직원이나 교과서 내용에 비해 훨씬 제대로 알고 있었기 때문에, 이들이 토로한 우울하고 무거운 분위기는 외면할 수 없는 수준에 달했다. 그들의 친척 중에는 그런 감정을 이겨낸 사람도 있었지만, 망가진 사람도 있었다. 교과서에 실린 잘못된 정보는 단순한 사실의 오류나 생략에 그치지 않고 직접적이고 노골적인 모욕의 수준에 이르고 있었다. 예를 들어, 그들이 보여준 중학교 교과서에 실린 '텍사스 최초의 정착민은 뉴잉글랜드와 버지니아에서 왔다'는 주장은 지역사회와 그 아이들을 모욕하는 대목이었다. 또한 멕시코에서 버젓한 학교에 다니다 이주해서 아직 스페인어밖에 모르는 아이들이 영어 문장으로 표현된 수학 문제를 풀지 못했다는 이유로 수학 능력이 부족하다는 판정을 받았으니, 분명 우울하고 암담한 상황이었다.

이 지역에서 멕시코인의 뿌리를 타고난 아이들은 자기 능력을 입증할 수 없는 상황에 내몰리는 일이 빈번했고, 체제의 문화적 편견 때문에 머리가 모자란다는 소리를 들으며 자라야 했다. 이러한 우울 정서에서 아이들의 교육에 공평성이 결여

되었다는 사실이 암암리에 드러나고 있었다. 공평성이 보장되는 사회라면 이 아이들은 자기의 뿌리를 인정받고, 그들을 존중하는 수준 높은 민주주의의 환대를 받으며 참여할 수 있을 것이다. 그러나 현실을 들여다보면 이 아이들은 말뿐인 민주주의의 일원이 되는 대가로 긍지와 자존심을 포기하도록 강요받고 있었다.

이런 상황은 텍사스에 사는 멕시코계 주민에게만 국한되지 않는다. 가령, 아프리카계 미국인은 겉만 그럴듯한 다문화 사회에서 여전히 공평성을 위해 싸우고 있다. 그러나 공평성이 '문화적 순응'을 돌려 말하는 것이라면, 우리는 여전히 과거와 다름없이 진정한 민주 시민의 자격에서 멀리 떨어져 있는 셈이다.

평등에 조건은 없다

만약 생득권의 거부가 평등을 성취하기 위한 전제조건이라면, 평등의 의미가 서유럽 중심의 단일문화의 꿈을 동경할 기회를 모든 이가 동등하게 얻는 것이라면, 우리는 그릇된 방향을 향하고 있는 것이다. 일부 학교의 교육과정이 누군가의 조상과 종교, 인류 역사에 기여한 공로를 욕보이고 그 존엄성을 부정한다면, 다시 말해 민주 사회의 어느 한 분파가 나머지보다 우월하다고 가르친다면, 그것은 모든 아이의 마음과 정신을 훼손하는 일이다. 어떤 아이들은 그들 고유의 문화가 중요성에서 떨어진다고 배우는가 하면, 어떤 아이들은 그들이 문화를 창조하고 있다는 헛된 믿음에 넘어가 마음을 놓는다. 공평성이 살아 있는 교육과정이라면 모든 사람이 문화의 창조자라는 인식을 확실히 밝혀야 하고, 삶을 받아들이기 위해 인류가 기울이는 다양한 노력에 경의를 보내야 한다.

'서유럽 문화'라는 신화를 기준으로 받아들이고 다른 문화권의 아이들에게도 이를 강요한다는 문제를 내가 지나치게 부풀리는 것처럼 보일 수도 있다. 이 대목에서 세계 최대 출판사 랜덤하우스Random House의 자회사에서 1992년에 출판된 어린이용 지리책 한 권을 인용해보고자 한다. 폴 로즌솔Paul Rosenthal이 쓴 《거기가 어디: 재미있는 지구여행 안내Where on Earth: A Geografunny Guide to the Globe》라는 책 84쪽에는 '유럽'이라는 제목의 만화가 나온다. 그 다섯째 칸에서는 동유럽이 '문화와 언어와 종교가 뒤죽박죽, 국경은 여전히 변화 중'이라고 나온다. 동시에 저자는 '서유럽의 국경은 지난 200년 동안 변화가 없었다'고 설명한다. 저자의 역사 지식을 의심하게 된다. 1793년이면 이탈리아도 독일도 오스트리아도 없던 때다. 1차 대전 후와

나치 독일의 제3 제국 시기 그리고 지난 몇 년 사이에도 서유럽의 국경에는 많은 변화가 있었다. 저자 역시 '안정적이고 문화적으로 우월한 서유럽'이라는 신화의 피해자일 수도 있겠지만, 그가 이토록 단순하기 그지없는 내용을 어디서 꾸며냈으리라고 상상하기는 어렵다. 이런 추측은 마지막 칸에서 더욱 설득력을 얻는다. 여기서는 중산층 부부가 구획을 나눠 깔끔하게 정리된 정원을 바라보고 있는데 구획별로 스웨덴, 프랑스, 스페인, 포르투갈이라는 이름표가 붙어 있다. 그리고 '정성 들여 보살핀 정원 같은 유럽'이라는 제목이 붙어 있다. 그림 속 남자가 "프랑스는 비료를 더 주어도 되겠군"이라 말하면, 여자가 이렇게 덧붙인다. "아, 유럽은 정말 아름다워."

이 말을 카탈루냐인, 왈론인Walloons, 아일랜드인, 스코틀랜드인, 웨일스인, 북이탈리아인에게 해보면 어떤 반응이 돌아올까?

38쪽에도 비슷한 만화가 있는데, 여기서는 남아메리카에 대한 시각이 드러난다. 이 만화에는 '수많은 유명 동식물의 고향', '아마존, 세계에서 가장 오래된 정글', '파괴되기 쉬운 우림, 협동 속에 생존하다'와 같은 제목이 붙어 있다. 사람이라고는 단 한 명 등장하는데, 멕시코 의상인 솜브레로를 쓰고 세라피를 걸친 남자. 파타고니아 사막에 사는 이 남자가 "그리 덥지 않군" 하고 말하자 돌 하나가 대꾸한다. "글쎄? 난 더워 죽겠는데." 이 장면은 유럽을 설명한 페이지에서 열아홉 명이 등장한 대목과 현저하게 차이가 난다. 정성껏 보살핀 정원은 어디에도 없다.

이처럼 아이들에게 사실인 양 전해지는 사이비 역사와 지리의 부정적 속성은 모두에게 해를 끼친다. 유럽계 미국인이라고 해서 예외일 수는 없지만 잘못된 사실에 노출된 이들 중에서도 특히 내가 방문한 텍사스의 그 학교에서는 뚜렷한 우울증이 나타나고 있었다.

이런 우울증은 권력을 쥐고 있는 사람들이 무지하고 편향됐다는 인식과 그들이 바로 알도록 고칠 방법이 없다는 체념에서 나온다. 특정 집단의 구성원이 소위 말하는 민주 사회의 일원으로 받아들여지기 위해 자신을 낮추어야 하는 상황이 불공평하다는 사실도 증세를 악화시킨다. 이런 상황은 아이들의 내면에 다름 아닌 자신의 뿌리 때문에 벌을 받을 수도 있다는 인식을 심을지도 모른다. 학교라는 맥락에서 공평성과 다문화주의는 이처럼 떼려야 뗄 수 없을 만큼 밀접하게 연결된다.

다문화주의는 공평성을 추구하기 위한 싸움의 한가운데에 있다. 우울증을 겪으면서도 선을 지키려는 노력은 불공평한 상황에 직면했을 때 나오는 첫 반응에 불과하다. 그러다 분노가 터져 나오고, 마침내 조직적인 반대 행동으로 이어지기도 한다. 텍사스 남부에서 내가 함께 일했던 그 사람들은 그들의 절망을 극복하고, 교장 퇴출을 첫 목표로 삼아 교장이 스스로 학교에서 물러나도록 설득하기로 결정했다.

그들은 두 가지 전략을 세웠다. 하나는 교장을 평가한 성적표를 작성하는 것이었는데, 이것은 일찍이 브롱크스 학부모 연대United Bronx Parents(1965년 소수 민족 아이들이 처한 열악한 공교육 현실을 개선하고자 만든 단체. 공교육 개혁과 학부모의 교육 참여를 목표로 활동했다. – 옮긴이)가 구사한 방법이었다. 성적표는 아이들이 실제로 학교에서 받는 성적표를 본떠 만들었으나, 두 언어로 되어 있다는 점이 달랐다. 평가 항목도 주의를 기울여 선정했다. '학부모와 협조함', '업무 습관이 좋음', '학생의 성취도 향상에 동기를 부여함', '교직원이 기본 기술을 잘 가르치도록 동기를 부여함', '학교 단위의 평가 성적이 높음'에서부터 '지역사회를 존중하는 학교 환경을 조성함'까지, 학부모의 요구와 지역의 상황에 맞게 골고루 반영했다. 이런 분류는 부모와 몇몇 지역활동가들이 몇 차례 연수를 진행해 개발한 결과였다.

연수 자체는 지역사회의 교육 역량 강화에 있어 매우 값진 경험이었다. 학교에 대한 토론이 어떠한 구속도 없이 터져 나오는 상황은 이번이 처음이었고, 지역 아이들의 교육문제에 대해 목소리를 내기 위한 첫발을 내딛는 계기가 되었다.

주민들은 평가 양식을 돌려 작성했다. 그리고 수거된 성적표 400여 부와 함께 평가를 집약한 총평을 교장에게 보냈다.

두 번째 전략으로, 지역에서 널리 알려지지 않은 주민이 어찌 보면 창의적이랄 수 있는 다문화적 행동을 하기로 했다. 그들은 교장실 맞은편에 있던 백인 아이들 사진을 떼어내고 그 자리에 이 학교가 배출한 우수 졸업생의 확대 사진을 붙였다. 교장은 새로 붙인 사진을 즉시 떼버리면서, 그 사진이 마음에 들지 않아서가 아니라 그 위치에 붙이는 걸 승인받지 않았기 때문이라고 변명했다.

교장은 자기의 권위를 앞세우기로 작정한 듯, 공청회에서 학교 일과 중 학부모 출입을 금지하겠다고 선포했다. 지역활동가들이 이 조치에 문제를 제기하자, 그는 이들이 부모가 아니라며 답변을 거부했다. 급기야 부모들이 논쟁에 가담하자 회의 종료를 선언했다. 그러나 주민들이 회의장을 떠날 무렵, 교장은 몇몇 부모와 활동가들이 수행 직원에게 한 말을 엿듣고는, 부모들이 무지하고 미개하며 급진주의자의 말에 쉽게 선동된

선생님께는 배우지 않을 거예요

다는 취지의 말을 했다. 심지어 그들이 선량한 기독교인도 아니며 멕시코에서 부두교 같은 미신을 들여왔다고까지 했다. 그의 발언에서는 문화와 지리에 대한 무지뿐만 아니라 지역사회에 대한 두려움까지 드러났다.

이후 몇 주에 걸쳐, 교장은 집과 학교에서 익명의 발신자가 보낸 소포를 받아야 했다. 소포 안에는 역한 냄새가 나는 가루와 물약, 닭의 시체 조각, 피처럼 보이는 액체에 흠뻑 적신 솜, 손톱 조각 등이 담겨 있었다. 그는 경찰에 신고했지만, 걱정할 것 없다는 말만 들었다. 부모들에게도 이게 도대체 무슨 일이냐고 따졌지만 아무런 답도 듣지 못했다. 그는 불면증에 시달리고, 학교에서 혼자 복도를 돌아다니는 것조차 주저하게 되었다. 결국 그는 조기 퇴직을 결정했고, 멕시코계 미국인 교장이 그의 후임으로 들어왔다. 어쨌든 지역사회로서는 전임 교장에게 직간접적으로 문제를 제기하는 한편, 그가 유럽 중심의 세계관을 가지고 아이들을 무시했을 때 그들이 느꼈을 상처를 보여준 셈이다. 확실히 문제의 소지가 있기는 하지만, 이 사건을 계기로 그들은 공평성을 향해 큰 발걸음을 내디뎠다.

이 사례는 추천할 만한 전략은 아니지만, 무지가 어떻게 단일 문화 중심 사고로 이어지는가를 단적으로 보여주며, 그런 양상으로 구체화된 교육과정도 유추해볼 수 있다. 이 이야기는 또한 우리가 아이들의 명예와 긍지를 지키기 위해서 얼마나 큰 노력을 기울여야 하는지도 보여준다. 다문화주의와 소박한 공평을 세우는 투쟁의 과정에 색다른 기운이 당당히 솟아날 수 있다는 점에서 고무적이기는 하지만, 한편으로 아직 우리 현실이 공평한 사회에서 멀리 떨어져 있다는 사실을 짚어주는 씁쓸한 사례이기도 하다.

단순히 골탕 먹이고 방어적으로 싸우는 수준을 넘어서는 노력을 하는 것이 중요하다. 공평성을 세우기 위한 투쟁은 다양한 방식으로 구현할 수 있다. 그 가운데 하나가 글로 쓰는 것이다. 이쉬마엘 리드Ishmael Reed가 최근에 낸 에세이집*의 제목을 살짝 바꾸어 말해보면, 글은 투쟁의 한 가지 형태인 것이다.

또 한 가지 방법은 교육과정을 재구성하고 내가 '수월성 선동가'라고 부르는 사람들의 허구를 벗겨내는 것이다. 이들은 우수성과 수월성이 자기들의 전문 영역이라 내세운다. 다문화주의는 기껏해야 교육과정에 중요하지도 않은 요소를 가미하는 정도이며, 최악의 경우에는 모든 아이를 대상으로 하는 교육의 본질을 희석한다고 주장한다. 이들은 다문화주의에 입각

---

*에세이집: 1998년 에세이집 《글은 싸움이다: 지면에서 벌인 37년간의 복싱 Writin' is Fightin': Thirty-Seven Years of Boxing on Paper》 - 옮긴이

선생님께는 배우지 않을 거예요

한 배움의 풍요를 버리고 역사적 허위와 문화적 배타주의, 다수자 중심주의의 빈곤을 채택하고도 남을 사람들이다.

'학교에서의 예술'을 주제로 한 어느 세미나의 소책자에 그런 태도가 교묘하게 드러나 있다. 그 소책자의 전면에 큼지막하게 인쇄된 선언 문구는 다음과 같다.

"우리의 과거를 이해하기 위해서는 서구 문화를 연구해야 한다. 우리의 미래를 이해하기 위해서는 비서구 문화를 연구해야 한다."

카네기 교육진흥재단의 어니스트 보이어Ernest Boyer의 글에서 단어 몇 개를 바꿔 인용한 이 문구는 다음과 같이 풀어서 이해할 수 있다.

"우리, 백인 미국인은 독일, 프랑스, 영국과 같은 서유럽 문화에서 이상적으로 묘사된 부분을 연구해야 한다. 고대 그리스의 영광과 로마 제국의 대업에 관한 우리의 개념에 부합할 때가 아닌 한, 현대 그리스와 이탈리아를 포함한 지중해 국가와 대부분의 동유럽 국가는 제외한다. 그 이유는 우리 백인 중심으로 해석한 과거에 깃든 우월한 가치를 이해하고 나머지 세계에 대한 우리의 지배권을 위해 투쟁을 이어가야 하기 때문이다. 또한 우리의 미래를 이해하기 위해서는 비서구 문화, 특히 아시아 문화를 연구해야 한다. 아시아는 점점 막강해지는 힘을 바탕으로 그들의 이익을 추구하고 있으며, 미래에는 이를 두고 이들과 맞서야 하기 때문이다."

수월성을 모범으로 삼는 행위는 이제 학교에서는 관행이 되다시피 하여 보통은 두드러지지 않은 채 넘어간다. 우리 모두가 싸워야 할 한 가지 목표가 있다면 배움의 내용을 재구성하고 수월성을 재정의하는 일이다. 여기에는 수월성의 개념을 어느 한 가지 문화에만 의존하지 않고 다양한 전통에 존재하는 뛰어난 작업성과에 근거하여 정립한다는 의미가 담겨 있다. 우리는 아이들이 다양한 관점에서 우리의 집합적 역사를 알게 하고, 억압으로 인해 피억압자가 겪는 고통은 억압자의 경험과 결코 같지 않다는 사실을 이해시킬 방도를 모색해야 한다. 우리는 또한 아이들이 서로 다름에서 얻을 수 있는 것의 경이로움에 눈뜨게 하고, 모든 사람에게 비범한 상상력이 있다는 사실을 깨닫도록 해야 한다.

이런 일을 꼭 교사들만 할 필요는 없다. 우리는 다시 한번 학생으로 돌아가, 새로운 관점에서 새 방식으로 가르치는 법을 배워야 한다. 학자들은 모든 연구 분야에서 복수의 이야기를 만들고 있고, 우리를 위해 새로운 어휘를 만들며 이해의 지평을 넓히고 있다. 아프리카계 미국인 문학의 경우, 우리는 헨리 루이스 게이츠 주니어Henry Louis Gates, Jr. 같은 작가의 글을 읽고 우리 일상생활에 그 통찰을 흡수해야 한다. 게이츠는 내가 세계 문학과 전반적인 배움에 대해 하는 이야기를 아프리카계 미국인 문학의 맥락에서 다음과 같이 전하고 있다.(게이츠는 저명한 문학비평가이자 학자로 아프리카계 미국인 문학을 발굴한 공로를 인정받고 있다. 2009년 자기 집에 들어가려다 아프리카계 미국인이라는 이유로 강도로 오인돼 체포된 사건으로 미국 사회의 인종차별 논란에 다시 불을 지폈다.-옮긴이)

… 아프리카계 미국인 문학을 이론으로 정립하려면, 우리도 모든 이론가가 하는 작업을 똑같이 해야 한다. 우리의 문학적 전통을 구성하는 텍스트를 읽고, 그 텍스트의 전통 안으로부터 관찰한 사실에서 추론하여 유용한 비평 원칙을 세우는 것이다. 그다음에 이 원칙에 의지해 전통을

이루는 텍스트를 다시 읽는다. … '모든' 이론가가 이 일을 하며, 우리도 마찬가지여야 한다. … 아프리카계 미국인 문학비평가가 유럽이나 미국의 문학 이론을 '어디에서 온 것이든 상관없이' 빌려 쓴다면, 그는 지적인 노동계약 관계나 식민주의의 덫에 걸려든다는 것이 나의 입장이다. … 먼저 자신이 속한 텍스트의 지형을 파악한 후에 텍스트를 탐구해야 한다. 또한 자신의 문학적 전통을 알고 나서 그것을 이론으로 정립해야 한다. … 우리 자신의 텍스트를 그 텍스트가 제시하는 방식으로 읽지 못하도록 방해하는 것은 새로운 형태의 신식민주의를 부추기는 것이나 다름없다.[*]

우리 자신을 풍요롭게 하고 가르침에 영향을 미치려면 다른 세계의 문학과 상상, 문화 속으로 들어가야 한다. 이러한 풍요로움이 수월성의 중심이자 공평성의 핵심이 되어야 한다. 이 둘은 떨어뜨려 생각할 수 없다. 안다고 생각했던 것을 다시 배우기란 어려운 일이지만, 우리에게는 그 이외에 신뢰할 만한 선택의 여지가 없다.

---

[*] Henry Louis Gates, Jr., "Talkin' That Truth" in *"Race," Writing, and Difference* (Chicago: University of Chicago Press, 1986), p. 406.

이야기
넷

거대한 간극:
정치적 올바름,
핵심 교육과정
그리고 교육 민주주의

정치적 올바름이란 무엇인가

내가 '정치적 올바름'이란 말을 처음 들은 것은 1940년대 말에서 1950년대 초 즈음으로, 사회주의자와 미국 공산당원 사이에 벌어진 정치적 논쟁이 그 발단이었다. 당시 내가 살던 브롱크스 일대만 해도 이런 논쟁이 일상적으로 벌어졌고, 매카시 위원회와 하원에 설치된 '비미국적 행위 조사위원회the House Un-American Activities Committee'가 나서서 거리에서의 정치적 대화를 금지할 정도였다. 당시 공산당원들은 그들의 독트린이 당장은 '올바른' 노선을 걷고 있다고 주장했다. 2차 대전 때 히틀러와

스탈린이 맺은 조약(1939년의 독소불가침조약을 말한다. 이념이 상반된 두 나라의 조약 직후 2차 대전이 일어났다.-옮긴이)으로 인해 공산당원들은 큰 충격을 받았는데, 유대인 일색인 데다 사회주의자가 대부분인 우리 동네에서 그들은 종종 치욕스러운 일을 겪기도 했다. 스탈린이 히틀러와 맺은 동맹에 대해 '올바르다'고 하는 사람들에게는 사회주의 이상은 물론 유럽의 유대인 동지까지 배신했다는 인식이 더해져 비난이 쏟아졌다. '정치적으로 올바르다*'는 용어는 점차 공산당에 대한 충성을 앞세워 동정심을 짓밟고 나쁜 정치를 일삼는 사람들에게 던지는 멸시의 표현으로 쓰이기 시작했다. 주로 공산주의자에 맞서는 사회주의 진영에서 이 말을 사용하였는데, 인류 평등주의적 이상을 믿는 사회주의자와 도덕적 본질에 상관없이 당 노선을 옹호하고 방어하려는 교조적 공산주의자를 차별화하려는 의도였다.

이런 역사적 배경을 고려하면, 대학에서 다문화주의를 옹호하는 한편 인종차별 · 성차별 · 동성애 혐오에 맞서려는 학생과 교수를 경멸할 의도로 우파 지식인들이 '정치적으로 올바르다'

---

*정치적 올바름: 언어 사용에 인종 · 민족 · 종교 · 성적 차별 등의 편견이 포함되지 않도록 주의하자는 취지로 쓰이고 있으나, 용어와 의미 사이의 괴리감 때문에 대안적인 역어도 자주 등장한다. 김성곤은 이 용어를 '도의적 공정성'으로 번역해 소개하기도 했다. 콜이 설명하는 이 용어의 등장 배경은 국내에서는 생소한 편이지만, 위키피디아에서도 그의 이야기를 상세히 소개하고 있다. - 옮긴이

　　　　　　　　　　　선생님께는 배우지 않을 거예요

는 표현을 쓰는 1990년대의 상황은 참으로 어처구니없다. 가령 어느 학생(또는 교수)이 여성이나 유색인종의 목소리도 교육과정에 반영해야 한다고 주장하면, 그들은 우익 평론가들로부터 엄격하고 억압적인 요구로 학문의 자유를 침해한다고 비난받는 상황을 심심찮게 접할 수 있었다. 이런 비난 속에는 오늘날 교육에서 반차별 조치를 준수하라고 외치는 이들이 히틀러-스탈린 조약이 '올바르니' 따라야 한다고 주장했던 강경파 공산주의자들과 다를 바 없다는 메시지가 숨어 있다. 신보수주의자의 입장에서 보면 이것은 영리한 책략이다. 이들 중 대다수는 과거 공산당원 출신으로, '정치적으로 올바르다'는 표현이 지난날 어떤 맥락으로 사용되었는지 알고 있다. 그래서 인류 평등에 근거한 민주주의자들이 동성애를 혐오하고 차별할 권리를 부정하면 이들이 실은 권위주의적이고 교조적이며 공산주의에 물들었다고 교묘히 암시할 수 있는 좋은 근거가 된다는 것을 안다. '정치적으로 올바르다'는 비난은 우파 교수들이 사용하고 보수 언론의 평론가들이 선전하는 무기로서, 자신들의 편견에 맞서는 학생이나 젊은 교수로부터 쏟아지는 비판을 방어하는 수단이 된다. 이렇게 하면 대학 내 편견 이슈를 표현의 자유 이슈로 돌리면서도 교수직의 권위를 의심할 권리 역시 표현의 자유에 속한다는 사실을 자인하지 않은 채 넘어갈 수 있다.

여기에는 교수가 학생의 성적을 매기고 따라서 학생의 미래도 교수가 좌우한다고 볼 수 있는 학업풍토에서, 인종·성차별적이고 문화적으로 편향된 사상을 표현하는 일이 배움에 균열을 낼 수 있는데도 교수에게 그렇게 편향될 권리가 있느냐는 큰 문제가 따른다. 강의실에서는 학생과 교수가 불평등하기 마련인데, 그 공간이 학문이나 표현의 자유만큼이나 인종·성차별 이데올로기를 전파하기에 적절한가의 여부가 그 핵심에 있다. 강의실이란 평등한 사람들이 모여 의견을 표출하는 자유발언의 장이 아니다. 배움의 현장일 뿐만 아니라 판단의 장소이기도 해서, 교수는 학생을 교육할 뿐 아니라 판단한다. 이런 맥락에서 보자면, 학문의 자유는 표현의 자유가 아닌 교수의 지위를 앞세운 사상의 통제와 동등하다고 할 수 있다. 1950년대, 내가 하버드에 다니던 시절 철학 교수들이 학문의 정통성 여부를 두고 행사했던 권력을 예로 들 수 있다. 그 당시 사르트르와 메를로 퐁티, 하이데거를 비롯한 유럽 대륙의 철학자들은 모조리 비웃음을 샀고, 그들의 저서는 배척당했다. 실존주의나 현상학, 마르크스주의를 깊이 파고들고자 하는 학생은 전공을 바꾸라는 조언을 들었다. 영국 분석철학과 논리학, 수학 철학만

이 지적으로 가치 있는 학문으로 대접받았다. 비트겐슈타인의 저서마저 지나치게 신비주의적이고 모호하다고 지적받던 시기였다. 나 자신도 이따금 경험했듯이, 교수의 학문적 편애를 지적하는 학생에게는 낮은 성적과 불리한 추천서 등의 처벌이 따랐다. 철학적 올바름이 학과의 배움마저 지배한 것이다. 전문 분야의 내용과 담론을 지배하기 위해 교수가 누리는 학문적 자유가 학생의 지적 자유를 제한했다.

내가 볼 때 학문의 자유를 둘러싼 최근의 이슈 몰이는 신보수주의자들의 욕망을 감추는 데 이용되고 있다. 여기에는 서구적 관점에서 벗어나 세계적 관점으로 교육과정을 고찰하려는 시도를 방해하고 대학 내의 사상을 지배하여, 다양성 연구와 여성학을 밀어내려는 의도가 숨어 있다. 이런 시각에서 보면 학문의 자유를 옹호하는 사람들이야말로 가장 엄격하고 '올바른' 노선을 택한 사람들이며, 대학이 필수적인 교육 내용을 규정해온 방식에 근본적으로 문제가 있다고 지적하는 학생과 다른 교수 측의 의견을 차단하려는 사람들이다.

공교육에서의 '정치적 올바름' 이슈

인종·성차별적 태도를 비판할 수 있는 학생의 권리를 의심하는 우파 교수들의 주장은 고등교육 수준postsecondary level에서는 효과가 있는 것으로 보인다. 그러나 우파 진영은 아직 공교육의 논쟁을 공평성과 평등이라는 근본적 이슈에서 학문의 자유와 표현의 자유라는 이슈로 돌리지는 못하고 있다. 여기에는 몇 가지 이유가 있는데, 그중 하나는 적어도 대다수 도심 학교의 학생이 주로 소수 인종이며, 교사 대다수가 여성이어서 인종·성차별적 발언이 부적절하고 교육과정에도 역행한다는 지적이 보편적으로 동의를 얻는다는 점이다. 다양성과 문화, 여성 주제를 둘러싼 이 같은 배경은 백인 학생이 압도적으로 많고 백인 남성 교수 일색인 대학의 상황과는 전혀 다르다. 그러나 공교육에서 정치적 올바름이라는 비난이 대학과 같은 양상으로 부상하지 않는 이유는 이것 말고도 더 있다. 공평성에서 표현의 자유로의 이슈 전환이 공교육에서 이루어지지 않는 또 하나의 중요한 이유는 교사와 대학교수가 누리는 직업적 여건이나 그들에게 보장된 자유의 폭이 다르기 때문이다.

공교육 교사는 한 학기 동안 꼬박 주 5일, 하루 8시간을 일한다. 학교 일과시간에는 학생과 함께 지내야 하고, 감독자 없이 교실을 비울 수도 없다. 학년별, 수준별 과목을 배정받기는 하지만 여러 제약으로 인해 본인의 의사와 무관하게 학년을 옮기고 과목을 바꾸거나 심지어 학교를 옮기게 될 수도 있다. 학군이나 주(州)의 지침에 정해진 대로 교육과정을 가르쳐야 하고, 개인의 정견(政見)이나 가치를 교실 안에서 언급할 수 없으며, 교육 당국은 물론 부모와 지역사회의 면밀한 감시를 받아야 한다.

교사가 교실에서 행사할 수 있는 지배력에 가해지는 제한은 대학교수라면 학문의 자유에 대한 공격이자 자신의 전문성에 대한 모욕이라 여길 만한 수준이다. 교사는 현장에서의 즉각적인 조치에서부터 대학이 주관하는 외부 평가로도 모자라 지역 단위의 감독에 이르는 다양한 통제를 받는다. 여기에 여러 기준과 교과내용을 규정하는 주 교육위원회의 입김도 작용한다. 이런 제약 체계 내에서 교사들은 은밀한 지침을 만들어 교직원 차원의 교육적 사고와 대립하는 견해를 차단한다. 그리고 거의 모든 교사가 여기에 따른다. 따르지 않는 교사는 대개 한 해 내내 무시당하다가 자기 의사와는 상관없이 전근을 가게 된다. 나도 오래전 새내기 교사 시절 그런 지침의 희생양이었기 때문에 그 위력이 얼마나 큰지 알고 있다. 당시 나는 학내 인종차별을 밝히려다가 내 의지와 상관없이 전근을 가야 했다. 그리고 불과 1년 전, 내가 지도하던 교생 몇 명 역시 같은 방식으로 보복당하는 상황을 지켜봐야만 했다.

대중적이지 않거나 새로운 견해를 표현할 자유는 학생과 교사 모두를 위한다는 명목으로 규제되고, 그런 행동은 상식에 벗어나고 반항적이며 '정치적'인 것으로 치부된다. 때때로 개인 차원의 저항이 일어나 성공하는 경우가 있더라도, 그 저항이 전반적인 체제 변화로 이어지는 것은 그것이 집단적이고 공적 성격을 띠는 경우뿐이다. 따라서 적어도 내가 아는 한 정치적 올바름의 문제는 초등과 중등교육 수준에서는 이슈화되지 않는다. 학교 내부에 인종차별과 성차별적 관행에 대한 저항이 거의 없기 때문이다. 공교육의 전통적인 기준에 맞서는 개인과 소집단은 간단히 정리되거나 내쳐진다. 개인의 힘으로 제도의 기준과 가치를 바꾸려는 시도는 설령 그것이 인종차별적이고 성차별적이라 해도, 젠더·다양성·문화에 관한 한 이미 확정된 예산·물자·학급 규모에 대한 문제 제기와 마찬가지로 대수롭지 않은 위협쯤으로 취급받는다. 가령, 교사나 학생이 개인으로서 인종차별적인 교사에 맞서기는 대단히 어렵다. 교사는 교직 사회의 위계를 파괴하며 교직에 불충하다는 이유로 비난받고, 그로 인해 배척당하거나 전근 조치를 당할 것이다. 학생이라면 문제아로 찍혀 특수반으로 보내질 것이다.

　그러나 공교육에 대한 위협이 지역 단체, 교직원 노조, 중앙 관료, 대학의 전문가, 언론, 주 교육부 등 개별 학교의 외부에서 온다면 진지하게 받아들인다. 공교육 내의 가르침은 사회적 행위로 사회적 세력의 요구에 답할 의무가 있는 것으로 간주되기 때문이다. 반면, 대학에서의 교수행위teaching는 교수직이 자가 검증하는 직업이라는 이해관계 속에서 여전히 교수 개인의 지배 영역 안에 있다.

　공교육 내에서 정치적 올바름에 대한 논쟁의 핵심인 평등·공평성·다문화주의 이슈가 비록 개인적 차원으로는 거의 일어나지 않는다고는 해도, 제도적·공공 정책적 차원의 훨씬 큰 규모에서는 도전에 직면해 있다. 개개의 교사를 무력하게 만들고 개인 차원에서 벌어지는 정치적 올바름의 문제를 공교육의 영역 밖으로 몰아내는 세력은 적극적 우대조치affirmative action(인종, 성별 등 다양한 이유로 차별받는 소수자나 약자에게 입학·취업 등에서 혜택을 주는 제도-옮긴이)·다문화주의 교육과정·성평등 교육을 둘러싸고 공공연히 벌어지는 논쟁의 중심에 있는 세력과 같다. 공교육은 정치적 중립이라는 신화를 앞세워 통제의 기제를 감추고 있을지도 모르지만, 모든 아이를 포용해야 할 의무가 있기 때문에 여전히 그들이 종사하는 지역사회의 현실에 응답해야 한다. 미국 대부분의 도시에 있는 공립학교에서 비백인 학생의 비율이 현저하게 높다는 점을 감안할 때(예를 들어 캘리포니아 주의 공립학교만 하더라도 백인은 소수에 불과하며 전국적으로도 백인 학생의 비율이 소수에 가깝다) 학교는 다문화주의와 인종차별 문제를 반드시 짚어야 한다. 그리고 대학과는 반대로 여성 교직원이 현저하게 많으므로 젠더와 성차별 문제도 다루어야 한다. 미시건대학의 몇몇 교수가 문화와 젠더에 대한 그들의 편견을, 백인이 그토록 압도적인 다수를 차지하는 기관에서 옹호하는 행위와 뉴욕의 공립학교에서 같은 태도를 옹호하는 행위는 차원이 다르다. 뉴욕의 공립학교에서 백인 학생은 전체 학생 가운데 채 20퍼센트도 안 되며, 여성 교사는 전체 교사 가운데 68퍼센트 이상을 차지한다.

실제로, 공평성과 평등에 우호적인 정치 세력은 대학보다는 공교육에 대한 염려가 큰 지역사회에서 더 강하다. 가령 90~100퍼센트에 이르는 학생이 아프리카계나 아시아계, 또는 라티노인 학교에서 유럽계 백인 남성이 지배하는 문화의 우월성을 지속해서 가르치는 것은 단순히 근거 없는 신화를 영구히 이어가는 차원을 넘어 학생과 그 지역사회의 문화와 진실성을

선생님께는 배우지 않을 거예요

모욕하고, 대다수 교사의 젠더와 능력과 자질을 모욕하는 행위가 된다. 교사는 그런 행위로 인해 학교가 속한 지역사회와 학생들로부터 신용을 잃고, 학생·부모·지역사회의 구성원 모두에게 배움의 적으로 취급받는 낡은 식민주의의 옹호자 역할을 자처하게 된다.

다이앤 래비치Diane Ravitch*같은 신보수주의 교육자조차도 공교육의 내용에 대한 논쟁에서 신뢰를 유지하려면 학교 교육과정에서 다문화주의를 어느 정도 인정해야만 한다. 래비치는 다문화주의적 내용을 부수적으로 추가하면서 서구 중심의 교육과정을 굳게 지지한다. 1학년 문명사 강좌에 비서구적 내용도 포함되도록 수정한 스탠포드와 몇몇 대학에서라면 이것을 두고 신보수주의자들이 서구 문명의 근간을 훼손하는 행위라 여겼을 것이다. 그러나 공교육에서는 그런 입장을 보수적으로 받아들이며, 민족을 강조하고ethnocentric 다원론적인 교육과정을 지지하는 사람들의 반대에 부딪힌다. 그런 교육과정에서는 여러 문화와의 관계를 고려하여 유럽 중심의 역사와 문화를 배치한다. 일례로, 오리건 주의 포틀랜드에서는 모든 학군이 아프

---

*다이앤 래비치Diane Ravitch: 아버지 부시, 클린턴 행정부에서 신자유주의 교육개혁정책을 추진했으나 《미국의 공교육 개혁, 그 빛과 그림자》(다미엔 래비치 지음, 윤재원 옮김, 지식의 날개, 2011)에서 자신의 정책이 실패했음을 인정했다.─옮긴이

리카적 관점과 다문화적인 교육과정을 채택하여 이 나라를 세운 모든 사람의 입장으로 미국사와 문화를 다룬다. 이런 시도는 단지 작은 변화에 그치지 않고 이 사회의 구성원에 대한 내용을 근본적으로 재고하는 움직임으로 이어진다.

여기 유럽 중심적 교육과정의 사례를 하나 들고 그것이 수많은 공립학교에서 퇴출당한 이유를 제시하고자 한다. 애디슨웨슬리Addison-Wesley 출판사의 고등학교 교과서인 《1865년 이후 미국사United States History from 1865》 2권(1986)에는 '선사 시대부터 1850년까지'의 미국사가 4쪽에서 31쪽에 걸쳐 요약되어 있다. 아프리카계 미국인은 8쪽에 다음과 같은 설명으로 미국사에 등장한다. "상인들은 또한 아프리카에서 서인도제도나 13개 식민지에 팔 노예를 얻기 위해 뉴잉글랜드산 럼주와 바꾸었다." 럼주가 노예무역에서의 유일한 교환 수단이었다는 역사적 오류와 현재의 약물 오남용 논란에 숨은 인종차별적 암시는 논외로 치더라도, 이 대목에는 노예로 소개되는 사람들에 대한 문제의 소지가 다분하다. 그들은 과연 노예였을까? 어쩌면 목수나 왕, 직공, 농부 같은 사람이 아니었을까? 노예로 팔려간 사람들은 누구였을까? 우리는 우리 아이들이 누구의 관점을 받아들이길 원하는가?

선생님께는 배우지 않을 거예요

노예제 이전의 아프리카가 아닌 노예제가 시행되던 시절의 아프리카에서 시작하는 그 교과서는 아프리카계 미국인의 정체성을 파괴한다. 노예제의 희생자가 아닌 가해자의 인식과 서사를 중심에 두고 있기 때문이다. 학생은 노예가 된 사람의 언어와 문화와 사회에 대한 진실을 알 길이 없으며, 따라서 노예가 된 아프리카인은 비자발적 노동과 번식 능력 말고는 아무런 기여도 없이 이 대륙으로 왔다는 식의 사고를 부추긴다. 이 말이 과장인지 아닌지는 그런 교재를 사용하는 백인 중산층의 학교에 가서 학생들에게 미대륙 도착 초기 아프리카인의 특성과 문화에 대해 물어보면 알 수 있을 것이다.

내가 예를 든 교과서에서도 선심 쓰듯 다문화주의를 반영하고 있기는 하지만 어디까지나 래비치라도 지지했을 법한 수준이다. 예를 들면, 위에 인용한 내용과 같은 쪽에는 올라우다 에퀴아노Olaudah Equiano의 삶에 대한 보충설명이 큼지막하게 달려 있다. 그의 이야기는 그가 열한 살이던 때로부터 시작한다. 그 이전에 대해서는 아무런 설명이 없다. 책을 읽는 사람은 이어서 그를 노예 신분에서 구해준 착한 백인의 이야기를 듣게 되며, 노예 갤리선의 컬러판 그림을 보게 된다. 독자는 다문화적 요소를 살짝 흉내만 낸 이 이야기에서 에퀴아노가 노예였으며 노예제는 잔혹한 것이고, 그가 자비로운 백인의 은혜를 입어 구출되었다는 점 말고는 아무것도 알 수 없다. 그의 인격과 문화, 인간성은 과연 어디에 있단 말인가?(에퀴아노는 후에 돈을 모아 몸값을 치르고 자유인이 되었다. 이후 《에퀴아노의 흥미로운 이야기》*를 써 자신의 고향 이야기와 노예 생활에서 겪은 두려움과 인간의 잔인성을 묘사했다. 이 책은 노예해방과 인권문제에서 역사적 가치가 있는 선구적 작품으로 꼽힌다. -옮긴이)

아프리카를 비롯한 여러 민족 중심의 교육과정을 통해 제공하고자 하는 것은 교과서에 허용된 것 이상의 역사적 진실과 그 대상이 되는 인물들의 인격과 문화와 인간성이다. 우리의 역사에는 숨기고 싶은 측면도 있으나, 우리 아이들이 그런 일을 되풀이해 공범이 되게 할 바에는 차라리 제대로 알게 하는 편이 낫다.

최근 캘리포니아 주 오클랜드와 헤이워드의 교과서 선정 위원회는 사회 교과서 선정을 앞두고 이전의 교과서를 전부 퇴출하기로 결정했다. 기존의 사회 교과서가 하나같이 인종차별과 성차별, 역사적 오류투성이라고 판단했기 때문이다. 캘리포니아 주의 교과서 선정 위원회는 한 종만 인정했다. 그것도 학교

---

*에퀴아노의 흥미로운 이야기: 올라우나 에퀴아노 지음, 윤철희 옮김, 해례원, 2013

관계자들이 교과서 없이는 제대로 가르칠 수 없다고 주장하는 바람에 형편없는 다수 중 그나마 나은 하나를 채택했을 뿐이다. 그러나 나를 포함해 몇몇 교사들은 지난 수년 동안 교과서 없이 수업하면서 교과서를 새로 만드는 편이 낫다고 건의했는데, 오클랜드와 헤이워드에서도 그런 결정을 내렸다.

캘리포니아 주의 교과서 전쟁에 비하면 대학을 중심으로 서구 문화 강좌에 고작 교재 몇 권을 추가하려는 노력은 보잘것없어 보인다. 게다가 이것은 현재 일고 있는 학교의 교과내용을 재고하자는 움직임의 일부에 불과하다. 여성 단체도 교육과정에 여성을 등장시키는 일에 대해 점점 목소리를 높이고 있다. 다른 단체도 장애·연령·성적 지향에 대한 경멸과 모욕에 학교 관계자들이 좀 더 주의를 기울이도록 촉구하고 있다. 많은 교사가 이런 움직임에 귀를 기울이고, 학교 외부로부터의 지지를 바탕으로 학교가 모든 아이에게 민주적이며 훌륭한 공간으로 거듭날 수 있도록 주도적인 역할을 맡고 있다. 여기에는 물론 저항이 따르지만, 대학의 상황만큼 거세지는 않다. 이런 현상은 공교육의 영역에서 백인의 지배력이 점차 줄어드는 추세에 기인한다. 백인의 지배력이 주춤해진다고 하지만, 유감스럽게도 기존 공교육 방어와 엉터리 선택형 프로그램을 통한 균열, 교육 공무상 태만이 혼재된 전략이 눈에 띄는 상황이다.

나는 공립학교에서의 문화 전쟁을 계기로 정치적 올바름에 관한 논쟁을 부추길 목적으로 언론 노출에 기대는 이슈가 드러나리라 생각한다. 이런 이슈는 강의실에서 교수의 언론 자유에 대한 권리가 아니라 우리 사회의 지배권 이동을 둘러싼 다툼에 대한 것이다. 이런 이슈 몰이에서 교육과정에 다문화와 성평등적 관점을 요구하는 움직임에 대한 저항이 드러난다.

허쉬의 리터러시: 문화의 편견이 태어난 과정

허쉬 주니어E.D.Hirsch, Jr.는 초등학교 6학년까지의 모든 학생에게 핵심 교육과정을 안내한다는 구실로 다문화주의와 성차별·인종차별을 반대하는 움직임을 교묘하게 공격한다.(각 주마다 교육 내용에 차이가 있으나 많은 학교에서 그의 핵심 지식core knowledge 시리즈를 참고하고 있으며 미국의 교육정책에도 영향을 끼친 것으로 보인다.-옮긴이) 기억하는 사람도 있겠지만, 허쉬는 베스트셀러인 《문화 리터러시Cultural Literacy》의 저자이며, 이 책에는 '모든 미국인이 알아야 할 지식'이라는 부제가 붙어있다.(literacy는 글을 읽고 쓰는 능력인 문해력, 어떤 주제에 대한 이해와 활용능력, 교양 있음·교육받음 등의 의미로도 쓰인다. 그 형용사형인

literate도 같은 맥락으로 쓰인다. - 옮긴이) 허쉬는 책 말미에서 63쪽
에 걸쳐 어휘와 문구를 나열하며 "교양 있는literate 미국인이라
면 공유하는 경향이 있는tend to" 지식의 성격과 범위를 제시한
다.[*] 이 목록은 허쉬가 이상으로 삼는 '모든 사람'을 표현하는
언어적 · 개념적 장치로, 여기서 '모든 사람'이란 대학교육을
받은 유럽계 미국인에 남성일 가능성이 크며, 상투적인 말투에
과학 · 인문학 · 예술에서 끌어온 어휘를 조금 아는 사람이다.
예를 들면 아래의 P로 시작하는 단어와 구문을 '알 가능성'이
있는 사람이다.

perfectibility of man인간의 완전성, periodic table of the
element원소주기율표, pax Romana팍스 로마나, pay the
piper자업자득, pearl of great price값진 진주, peeping
Tom훔쳐보는 탐, Peloponnesian War펠로폰네소스 전
쟁, penis envy남근 선망, penny saved is a penny earned적
진성산(積塵成山), persona non grata페르소나 논 그라타,
Peter the Great표트르 대제, Phi Beta Kappa파이 베타 카
파, philosopher king철인왕(哲人王), photoelectric cell광

---

* *Cultural Literacy* (Boston; Houghton Mifflin, 1987), p. 146.

전지, plate tectonics판구조론, pickwickian픽윅류(流)의, Planck's constant플랑크 상수, play second fiddle부차적 역할, pogrom포그롬, proof of the pudding is in the eating백문불여일견, Pyrrhic victory피루스의 승리*

나는 허쉬가 말하는 '모든 사람'에 해당하는 인물을 찾아보려 했으나, 줄이고 줄인 이 목록의 어휘를 모두 아는 사람은 아직까지 한 명도 찾을 수 없었다. 거의 모두가 '플랑크 상수'라는 말을 듣고 쩔쩔맬 것이다. 마찬가지로 '광전지'나 '판구조론'의 복잡한 개념을 확실히 아는 사람도 거의 없을 것이다. '인간의 완전성'이나 '원소 주기율표'같은 말을 들어봤을 수는 있어도 자세히 아는 사람은 드물 것이다. '표트르 대제'와 '펠로폰네소스 전쟁'은 귀에 익을 수 있다 쳐도 '팍스 로마나'라는 말을 듣는 사람들은 거의 멍한 표정이 될 것이다.

내가 이런 단어를 물어본 사람들은 모두 대학교육을 받았고, 읽기에 능하며, 사상에 관심이 많은 사람이다. 그들은 대학교수가 아니어서 그들의 일에는 늘 서적을 참조하거나 인용하는 작업도 없다. 그러나 '교양 있는'이란 말의 정의를 아무리 합리

---

*   From pp. 193–98.

적으로 따져본다 해도 그들은 모두 그렇게 표현하기에 적격한 사람들이다. 그들이 허쉬의 목록과 맞지 않는 부분이 있다면 특수한 분야의 지식이 필요한 개념이나 고어(古語)·라틴어·격식체 언어가 사용되는 분야에서일 것이다.

어쩌면 목록에 있는 단어의 대부분에 정통하고 그 개념을 자세히 이해하는 사람도 있을지 모른다. 그리고 허쉬가 리터러시라는 개념을 그 소수의 박식한 사람들에게만 한정하려고 했을지도 모르는 일이다. 그러나 허쉬는 학교에 다니거나 책을 읽으면서 이 목록에 열거된 단어들을 한두 번은 들어봤거나 확실치는 않아도 어렴풋이 아는 정도인 사람들을 '교양 있는' 사람의 범주에 포함한 듯하다. 문제는 이 어휘들을 이해하는 수준이 그토록 피상적인데도 그것을 '지식'의 지위로 승격시켰다는 데 있다. 그런 이유로 허쉬는 저학년의 학습을 논하면서 "모든 아이는 학년이 올라가면서 학습자로서의 역량 발휘에 필수적인 핵심 정보를 숙달해야 한다"*고 주장하는 한편, 기계적 암기 학습과 사실적 정보의 암기를 적극 지지하는 입장에 설 수 있었을 것이다. 허쉬에게 숙달이란 암기와 같은 의미이며, 정보는 곧 지식이다. 그의 말대로라면 부모는 "효과 없고 지나치게

---

* *What Your First Grader Needs to Know: Fundamentals of a Good First Grade Education* (Garden City, N. Y.: Doubleday, 1991), p. 10.

단순화된 구호('배우는 법을 배우기'와 같은)로 인해 고통받기를 거부해야"* 한다. 허쉬는 소위 말하는 '핵심 지식'의 숙달이 교육에서 공평성과 탁월성을 이끌어내기 위해 미국인이 밟아야 할 필수 단계라고 주장했다.

> 국가의 장래가 달린 이 시기에, 모든 어린이가 공유된 핵심 지식을 갖추도록 하는 것이 근본적인 개혁이다. 이 개혁 그 자체로는 학교교육에서 수월성과 공평성을 달성하기에 충분치 않더라도, 미국이 일류 교육 체제로 도약하기 위해 '필수적인' 단계이다.**

허쉬의 핵심 지식은 유럽 역사를 이상적으로 조성하는 과정에서 유래했으며, 여기에는 인류사에서 탁월한 모든 것들이 유럽 역사에 구현되어 있다는 인식이 암시되어 있다. 허쉬가 핵심적인 내용을 규정하면서 배제한 내용도 많다. 그레이울프 출판사Graywolf Press의 선집인 《다문화 리터러시Multicultural Literacy》***에는 유럽 문화를 중심에 둔 허쉬의 편견에 대한 비판

---

* 　같은 책.
** 　같은 책., p. 2.
*** 　Rick Simonson and Scott Walker, *Multicultural Literacy* (Minneapolis: Graywolf Press, 1988).

선생님께는 배우지 않을 거예요

이 실렸는데, 여기서도 허쉬의 목록에는 진보적 사고와 비서구 문화에 대한 어휘나 문구가 많이 빠졌다고 지적한다. 예를 들어 허쉬가 제시한 63쪽짜리 목록의 P로 시작하는 단어에는 다음과 같은 어휘들이 빠져있다.

peace activists평화 활동가, pesticides살충제, political prisoners정치범, potlatch포틀래치, premenstrual syndrome 월경 전 증후군, prison교도소, prophylactic예방(약), prostitution성매매, pueblo푸에블로, prime time황금 시간대

문화적으로 교양 있는 성인에 대한 정의가 아무리 제각각이라 해도, 이런 개념 중 대부분은 허쉬가 제시한 목록만큼이나 문화의 '핵심'이란 개념의 중심에 있다고 보아도 과언이 아닐 것이다. 우리 사회의 삶과 언어가 복잡하다는 점을 감안할 때, 허쉬의 목록이 어떤 과정에서 나왔고 어떤 정당성을 근거로 핵심 지식의 입법화를 결정하기로 했는지 궁금해진다. 누가 핵심 지식의 내용을 결정할 것인가의 문제는 어린아이들에게 '필수적인' 교육과정을 입법하는 상황이라면 더욱 중요해진다.

《다문화 리터러시》에서 뽑아낸 생략 어휘 목록은 어렵지 않

게 확장할 수 있다. 따라서 허쉬라면 다문화 리터러시란 유럽 중심의 핵심을 바탕으로 확장해가는 과정이라고 변론하면서 자신의 핵심 목록에 위에 언급한 어휘의 일부를 추가하는 식으로 대응할 것이 틀림없다. 그러나 그렇게 목록을 정정하더라도 소위 교양 있는 미국인이 아는 '경향이 있는' 어휘와 문구로는 다음과 같은 것도 있다.

prick성기/멍청이/찌르다, piss오줌, putz멍청이, pussy고양이/성기/샌님, patronize깔보다, palimony별거 수당, prissy까탈스러운, putsch정부전복시도, pig짭새(허쉬의 목록에 있는"buy a pig in a poke충동구매하다"에서와는 달리 경찰을 비하하는 의미로), profligate 난봉꾼, play politics꼼수를 부리다, play the field놀아나다, poke fun at놀리다, play into one's hands남의 손아귀에 놀아나다, pick apart흠 잡다

허쉬는 이런 어휘들도 교양인을 만드는 데 기여한다는 사실을 인정하지 않는다. 허쉬에게 리터러시란 도덕적으로 올바른 개념이어서, 적절한 것과 그렇지 않은 것을 구분하는 기준이 된다. 허쉬는 소위 교양인이 갖춘 모든 어휘 중 일부를 선별해

선생님께는 배우지 않을 거예요

'교양 있는' 것으로 승격시켰다. 그런데 허쉬의 '고품격' 목록에서 배제된 '저질' 목록을 모르고서 서양에서 가장 뛰어난 문학을 읽고 이해할 수 있는 사람이 과연 있을까? 허쉬는 순수할지 몰라도 문학은 그렇지 않다.

허쉬가 선전하는 문화 리터러시라는 개념에는 문화적 · 계층적 편견을 조장한다는 점에서 문제가 있다. 지식이 무엇인지에 대한 그의 사고방식 역시 문제가 된다. 이 모든 문제는 학부모와 교사를 대상으로 한 그의 저서가 어리석기 짝이 없을 뿐 아니라 위험하기까지 한 이유를 보여주는 근거가 된다. 《미국 초등교과서 핵심 지식 G1: 1학년 교육의 기초*What Your First Grader Needs to Know: Fundamentals of a Good First Grade Education*》와 《미국 초등교과서 핵심 지식 G2: 2학년 교육의 기초*What Your First/Second Grader Needs to Know: Fundamentals of a Good Second Grade Education*》라는 가식적인 제목이 붙은 이 책들은 더블데이 **Doubleday** 출판사가 펴낸 여섯 권짜리 시리즈의 첫 두 권이고, 1학년에서 6학년의 각 학년을 대상으로 하는 핵심 지식 시리즈에 포함된다.[*] (현재는 유치원부터 초등 6학년까지 총 일곱 권이 시리즈로 나왔으며, 영어 교육 열풍을 타고 국내에도 21세기북스 출판사를 통

---

[*]   Garden City, N.Y.: Doubleday, 1991

해 정식 출간되었다.-옮긴이) 이 시리즈에서는 '미국 어린이가 배워야 할 최소한의 핵심 지식을 특정 순서로 배치하도록' 규정한다.* 허쉬는 이 시리즈의 중요성을 논하면서 신중한 기색조차 없이 당당하다. 그의 말에 따르면, 시리즈에 정해진 순서대로 가르치는 일은 "미국의 교육 체제가 일류로 도약하기 위한 '필수적인' 단계"이며, 심지어 "스웨덴과 프랑스, 일본처럼 세계 최고의, 다시 말해 성취수준이 높고 평등을 가장 잘 구현한 학교 체계는 모두 첫 6개 학년 각각에서 특정 핵심 지식을 가르치며, 배경지식을 공유하여 학교교육을 더욱 공평하고 민주적으로 만든다"고 주장한다. 또한 "배경지식을 공유하면 학교와 국가 차원에서 협동심과 단결심을 키우는 데 도움이 된다"고도 덧붙인다. 게다가 그의 주장대로라면, "그 어느 현대 국가도 초등학교에서 핵심 지식을 규정하지 않고 수월성과 공평성 두 가지를 전부 달성한 사례는 없다"고 한다.**

우선 허쉬는 '현대 국가'라면 모두 교육에서 수월성이나 공평성 중 어느 하나라도 성취했냐는 중요한 질문에는 답하지 않는다. 또한, 일본과 프랑스, 스웨덴의 사례에 대한 근거도 제시하지 않는다. 그 세 국가 중 일본과 프랑스는 엘리트 중심의 학

---

*   시리즈 모든 책의 총론 P.1.
**   같은 책., p. 5.

교 제도를 육성하고 있어서, 보편적인 고등교육을 목표로 하지 않는다. 그런 체제에서는 엘리트 학교 입학을 위한 경쟁이 치열하며, 평가의 비중이 크고, 때로는 계급의 영향을 받기도 한다. 두 국가의 이민자 사회, 특히 프랑스의 이민자 사회는 대개 체제 바깥에 머물러 있고, 그들의 학교에서는 개인적, 제도적 차원의 인종차별이 빈번하게 일어난다.

국가 차원의 핵심 교육과정을 요구하는 허쉬의 주장에는 이외에도 여러 문제가 있다. 우선, 허쉬는 성인 리터러시를 논하면서 교양 있는 미국인이 공유 지식으로서 아는 '경향'이 있는 내용을 열거한다. 그러나 아이들과 관련해서는 그 입장을 강화하여 아이들이 '알아야' 하는 교육과정을 제공한다고 주장하기에 이른다. '경향이 있다'는 말과 '해야 한다'는 말은 의미가 전혀 다르다. 아는 경향이 있는 내용은 여러 다른 출처에서 유래할 수 있고, 한 사람의 지식과 다른 이의 지식이 중첩되는 부분은 경험과 문화적 배경, 젠더와 계급 차원의 문제가 된다. 반면 '알아야 하는' 내용은 규정의 문제가 되며, 국가적 교육과정을 지향하는 움직임을 고려하는 경우에는 아예 입법 차원의 문제로 확대된다. 허쉬가 아이들을 대상으로 주장하는 프로그램의 핵심에는 아동기에서 청소년기에 이르기까지 젊은이들의 사고를 일정 방향으로 유도하려는 욕망이 숨어 있다. 그러나 허쉬가 핵심 교육과정의 입법에 성공한다 해도, 허쉬의 야심에 찬 계획으로 교육 체제가 우수해진다거나 그의 주장처럼 학습에서 수월성을 이끌어내는 데는 실패할 것이라고 나는 확신한다.

핵심 지식 그 자체를 주의 깊게 들여다보고 그 안의 모순을 이해하는 것이 중요하다. 그래야만 핵심 지식을 통해 교육한다고 주장하는 것이 아이들의 지성을 모욕할 뿐만 아니라 실패로 이끄는 공식이나 다름없다는 사실을 깨달을 수 있다. 그 출발점으로 허쉬의 1학년과 2학년용 책을 찾아보고 그가 여섯 살과 일곱 살 아이들에게 필요한 지식이라 여기는 내용을 검토해보면 좋을 것이다.

책 자체만 놓고 보자면 고리타분한 교과서처럼 생겼다. 우중충한 색깔에 삽화도 형편없어서 아이들의 주의를 끌거나 흥미를 일으킬 만한 책이 아니다. 문장 수준을 보면 이제 막 읽기를 시작하는 아이들에게 지나치게 어렵다. 아이들에게 읽어줄 용도이지 아이들이 읽게 할 의도는 없어 보인다. 이래서는 아이가 어른으로부터 책의 지식을 일방적으로 전달받을 뿐이며, 자기 학습에 스스로 참여하지 못한다. 애초부터 허쉬가 설정한 상황을 보면, 아이는 질문을 던지고 탐구하며 배우는 것이 아

선생님께는 배우지 않을 거예요

니라 지시받은 것은 무엇이든지 받아들이게 되어있다.

이렇게 수동적인 학습 환경 속에서 허쉬는 여섯 살과 일곱 살 아이들에게 전래동요와 동화, 속담과 역사, 음악과 과학과 수학 등 학업에서 성공하기 위해 '필수적'이라 여기는 모든 내용을 제공한다. 장래 학업에서의 성공과 이 교재의 숙달 사이의 연관성은 결코 만들어지지 않는다. 그런데도 학업에 필수적이라는 주장이 이 책들의 가치를 내세우는 광고 문구로 소개된다. 이 사업 전체를 보다 보면 마치 비싼 차를 사면 성적 매력이 커지고 멋진 오디오를 사면 품격이 높아진다는 과장 광고를 보고 있는 기분이 든다.

어떤 동요와 동화는 수록하고 다른 것들은 왜 제외했는지, 그 근거 또한 도무지 알 수 없다. 2학년 필수 학습에 '애국 음악'이라는 제목의 단원을 수록한 것만 봐도 할 수 있지만, 허쉬가 채택한 내용 중에는 괴이해 보이는 것도 있다. 두 책을 통독해 보면 진부하고 경건한 내용을 성급하게 잘라 붙인 선집 같아서 마치 19세기의 독본과 수학 · 과학 수련장을 짜깁기한 것 같다.

허쉬의 핵심 교육과정이 구체적으로 드러난 부분을 검토해보면 그 양식이나 과장 따위보다 심각한 차원의 교육적 문제가 드러난다. 허쉬가 주장하는 대로라면 1 · 2학년들이 장래에 성공하려면 여러 동화 중에서도 〈신데렐라〉, 〈잠자는 숲속의 미녀〉, 〈헨젤과 그레텔〉, 〈미녀와 야수〉, 〈공주와 완두콩〉, 〈백설 공주〉를 알아야 한다. 허쉬의 말에 따르면, 아이들이 이것들을 모르면 초·중·고등학교를 다니는 동안 학업에 뒤처질 가능성이 있다고 한다. 왜 그럴까? 자세한 내막을 들을 수는 없으나, 아이들이 이런 동화를 본보기로 받아들인다면 권위가 시키는 것을 무엇이든 받아들일 수 있게 되기 때문이라 추측할 수 있다. 이 동화들은 왕족과 부자의 이야기이며, 수동적이거나 사악한 여성, 간악한 계부모, 순수하고 잘생긴 왕자, 자상하고 선하지만 곤경에 빠진 아버지들이 등장한다. 젊은 여성은 늙은 여성을 피해 구조되거나, 결혼을 통해 왕족에 편입되기 위해 정화되어야 하는 처지, 혹은 아버지를 구하기 위해 희생당해야 하는 운명으로 그려진다. 〈백설 공주〉를 예로 들자면, 아름답지만 사악한 계모가 등장해 의붓딸을 살해하려 하는데, 그 이유가 계모가 점점 늙어가면서 의붓딸인 백설 공주가 자신의 미모를 뛰어넘기 때문이라고 묘사된다.(동화 속 어디에도 계모에 대한 동정은 찾아볼 수 없다.) 백설 공주와 계모의 유일한 힘은 육체적 미모이며, 노화는 막을 수 없기에 이 동화는 여성이 세대 간에 벌이는 무자비하고 잔혹한 대립 양상을 띤다. 그림 형제의 원작에서는 왕자가 백설 공주를 신부로 맞이하면서, 계모도 결혼식에 초대하는 것으로 나온다. 축하의 자리에서 계모에게 닥치는 사건은 다음과 같이 펼쳐진다.

> 그녀(계모)는 들어서면서 백설 공주를 알아보았다. 그녀는 분노와 두려움에 사로잡혀, 서 있던 자리에서 꼼짝도 할 수 없었다. 그러나 이미 불에 달궈진 철 구두가 집게에 물려 그녀 앞에 놓였다. 이윽고 그녀는 시뻘겋게 이글거리는 구두를 강제로 신고 춤을 추다가 죽고 말았다.[*]

이것이 우리 아이들이 학업에 성공하기 위해 꼭 알아야 한다는 동화의 섬뜩한 결말이다. 여기서 핵심 지식을 만드는 일의 근본적인 문제를 찾을 수 있는데, 바로 모든 학습자가 같은 방식으로 교육을 받아들이지 않으리라는 점이다. 즉 애초에 핵심 지식에 대한 핵심 반응이랄 것이 없는 것이다. 일부 아이들, 특히 왕자가 되고 싶은 아이에게 이 동화는 긍정적이며 자신감을 주는 소재가 될 수 있다. 반면 자신의 자율성을 믿고 남성이 규정한 여성성을 거부하는 소녀에게는 효력이 없는 이야기다. 의

---

[*] *The Complete Grimm's Fairy Tales* (New York: Pantheon, 1972), p. 258

붓가정의 아이에게는 가족 내 갈등을 부추기는 이야기가 될 수 있다. 자신을 유럽 혈통의 왕자나 공주가 아니라고 생각하는 아이는 이 이야기에 우울해지고 위축될 수 있다. 그리고 모든 아이에게 잔인하면서도 원한에 찬 복수의 모델이 되어 남의 고통을 감내할 수 있으며 심지어 그 고통을 주는 일에 가담해도 된다는 인식을 심어줄 수도 있는 이야기다.

이 이야기의 본질은 사람들을 갈라 분류하고 외적인 요소로 판단하며, 상류계급 남성 권력이 지배하는 질서를 강화하는 데 있다. 수많은 이야기 가운데 한 가지로서 특별히 의도하지 않는 환경에서 배운다면 아마 큰 해가 되지는 않겠지만, 이런 이야기를 민주주의 사회에서 아이들이 꼭 배워야 할 지식이라고는 할 수 없다. 허쉬의 책에 수록된 이야기들의 실제 편집자나 허쉬 자신조차 이 동화의 문제점을 인정하고 있다고 볼 수 있다. 그림 형제판 〈백설 공주〉의 결말은 허쉬의 편집을 거쳐 누그러졌기 때문이다.

사악한 여왕은 낭떠러지에서 떨어졌다거나 내리치는 벼락에 맞았다고도 합니다. 백설 공주의 결혼식에서 죽을 때까지 춤을 추었다고 하는 이도 있습니다. 그렇지만 한

선생님께는 배우지 않을 거예요

가지 확실한 이야기가 있으니, 여왕은 다시는 백설 공주를 괴롭히지 않았으며 백설 공주는 왕자와 함께 오래오래 행복하게 살았다고 합니다.*

그림 형제의 원작에는 "오래오래 행복하게"라는 이야기가 없으며 여왕의 운명도 명확하게 묘사되어 있다. 허쉬는 부드럽고 친절한 미국을 나타내기 위해 이야기의 핵심 부분을 재구성한 것이다. 따라서 이 핵심 지식은 허쉬의 손을 거치면서 신빙성도 사라졌다. 교훈을 주기 위해 전통적 이야기를 각색하면서 잔인한 요소를 없애고, 유럽의 전통 일부에 기인한 편견을 조장해 미국인이 서로를 대하는 수많은 방식에 영향을 끼친다.

허쉬는 공통의 핵심 지식을 정해 가르치면 교육이 공평해진다고 주장했다. 나치 독일에도, 스탈린 치하의 소련에도 핵심 교육과정은 있었다. 핵심 교육과정을 법제화하려는 사람들은 핵심 지식을 통해 그들의 가치를 수월성의 보편적 기준으로 승격시킨다. 그러나 그 핵심으로 인해 사회의 불공평이 재생산된다면, 권력 구조의 재편을 막으려는 또 하나의 시도에 불과할 뿐이다.

---

* *First Grader*, p. 54.

허쉬의 핵심 교육과정에는 다음과 같은 메시지가 숨어 있다. 교육의 공평성(허쉬의 말에 따르면 '공정성')을 위해 경제나 사회에 근본적인 변화가 일어날 필요는 없다는 것과, 아이들이 자신의 생활환경과 관련된 지식에 대한 감수성을 키우는 일은 교육과정으로 삼기에 부적절하다는 것이다. 허쉬가 여섯 살 아이의 필수 지식으로 제시한 '집 떠나면 고생이다'라는 격언을 예로 들 수 있다. 허쉬는 이 격언을 부모와 교사가 아이들과 나누도록 권하면서 다음과 같은 해설을 덧붙인다. "사람들은 여행이 즐거울 수는 있지만, 집이 가장 좋은 장소라는 뜻으로 이 격언을 사용한다. '우리 여행은 정말 좋았지만, 집만 한 곳은 없어.'"* 폭력과 가난이 판치는 곳에 사는 아이들에게 이 말을 들려준다고 생각해보자. 그리고 이 격언에는 학업에서 성공하기 위한 필수적인 지식이 담겨 있다고 그 아이들에게 말해보자. 그들의 여행담을 나누고, 그들이 집에 돌아왔을 때 얼마나 좋았는지 설명하라고 해보자. 만약 누군가가 공평함이라는 명목으로 가난이라는 상처에 모욕을 끼얹고 교육과정에 숨어 있는 중산층의 편견을 부인한다면, 그 사람은 허쉬와 같은 사고방식을 노골적으로 드러내는 것이다.

---

* *First Grader*, p. 81.

선생님께는 배우지 않을 거예요

허쉬의 책에서도 다양성과 다문화주의를 어느 정도는 인정하고 있다. 1학년 책을 보면, 스무 편의 동화 가운데 아프리카와 스페인(라틴 아메리카가 아니라), 아메리카 원주민에게서 유래한 동화가 한 편씩 있다. 위대한 과학자에 대한 이야기로는 유럽 남성(코페르니쿠스), 미국 여성(레이첼 카슨), 아프리카계 미국 남성(찰스 드류Charles Drew)의 이야기가 한 편씩 실려 있다. '하필이면 왜 이 셋일까?'하고 의아해하는 사람도 있겠지만 그 궁금증은 일단 접어두도록 하자. 그러나 다양성을 띠려는 노력에서조차 심각한 문제가 드러난다. 찰스 드류의 간략한 생애에서 발췌한 다음 글을 짚어보도록 하자. 찰스 드류는 수혈을 용이하게 만들었다는 업적이 있고, 혈액은행의 토대를 세운 인물이기도 하다. 이 글이 여섯 살 아이의 필수 지식의 일부로 제시되어 있다는 점을 기억하자.

육군과 해군은 오랫동안 흑인으로부터 피를 받기를 거부했습니다. 심지어 '색깔 있는' 피를 받기 시작한 이후에도 육군은 백인이 기증한 피와 흑인이 기증한 피를 따로 나누어 달라고 적십자사에 요구했습니다. 찰스 드류는 '검은' 피와 '하얀' 피 같은 것은 없다고 설명했습니다. 피는 피일 뿐이었습니다. 그러나 아무도 그의 말을 듣지 않았습니다. 이 일로 찰스 드류는 매우 슬프고 화가 났습니다. 결국 그는 적십자사를 그만두었습니다.*

이 글에서 우리는 찰스 드류가 슬프고 화가 났다는 사실을 알 수 있다. 육군은 적십자사에 이야기했다. 아무도 과학적 근거에 귀 기울이지 않았다. 그러나 이 사건에 관련된 백인을 구체적으로 설명하지 않고 있다. 인종차별, 과학적 무지나 거부에 대한 사실도 드러나 있지 않다. 분노도 없다. 이 글이 찰스 드류에 대해서 하려는 이야기는 무엇일까? 그는 슬퍼서 일을 그만두었다. 그래서 그다음에 무슨 일이 일어났단 말인가? 대립이 있었을까? 일을 그만둔 데 그치지 않고 또 다른 일을 했을까? 몰레피 K. 아산테Molefi.K.Asante와 마크 T. 맷슨Mark T. Mattson은 《아프리카계 미국인의 역사 · 문화 아틀라스Historical and Cultural Atlas of African American》에서 다음과 같이 설명하고 있다.

찰스 드류가 한 연구의 중요성은 유럽이 전쟁(2차 세계 대

---

* *First Grader*, p. 233.

전) 중이었다는 사실을 감안할 때 더욱 두드러졌다. … 그리고 드류 박사의 발견 이전까지만 해도 치명상으로 진단받았을 군인 수천 명이 목숨을 구했다. 1941년 미국 적십자사는 드류를 최초의 혈액은행의 책임자로 임명했다. 일본군이 진주만을 공격하자, 드류는 기습으로 다친 미국인에게 혈장을 제공할 수 있었다.

그러나 미국 적십자사는 아프리카계 미국인의 피와 백인의 피를 섞고 싶지 않다고 고집을 부리며, 부상병에게 백인 기증자에게서 받은 피만을 공급하기로 결정했다. 드류는 격분했다. 그는 미국 적십자사의 비과학적 입장을 이유로 자리에서 물러나며 말했다. "인간의 피가 혈액형에 따라 다를 수는 있어도 인종에 따라 다르다는 과학적 근거는 어디에도 없다."[*]

《웹스터 미국 위인전 *Webster's American Biographies*》의 설명에 따르면 "그는 개업의가 되는 대신", 의사가 되려는 아프리카계 미국인을 "가르치고 고용하는 일에 삶을 바쳤다"고 한다.[**]

드류는 마흔여섯의 나이에 자동차 사고로 죽었다. 《아프리카

---

[*] (New York: Macmillan, 1991), pp. 136–37.

[**] (Springfield, Mass.: G. & C. Merriam, 1975), p. 292

계 미국인의 역사·문화 아틀라스》에 다음과 같은 설명이 이어진다.

> 1959년 4월 1일. … 〔드류는〕노스캐롤라이나에서 자동차 사고를 당해 치명적인 부상을 당했다. … 보고에 따르면 '백인' 병원이 그의 입원을 거부해 과다 출혈로 사망했다. 얄궂게도, 외과 의사이자 과학자이자 학자로서 다른 이의 생명을 구하는 데 삶을 바쳤던 드류는 자신이 개척한 기술과 절차에 접근하는 것을 거부당했다.*

우리가 아이들에게 찰스 드류에 대해 이야기하려면(여섯 살 아이들에게 꼭 필요하지 않을 수도 있지만, 이야기해주는 것도 좋다) 그의 뛰어난 업적뿐만 아니라 그가 겪은 고통과 인종차별에 맞선 사실도 제대로 들려주어야 한다. 그렇게 한다면 인종차별이 어떻게 작용하고 어떻게 그에 맞설 수 있는지 아이들이 이해하기 쉬울 것이다. 여섯 살 아이도 인종차별의 희생양이 되거나 차별을 영구히 이어갈 수 있으므로, 이런 생각을 하도록 이끌면 안 될 이유가 없다. 이것은 배움의 과정을 제대로 다루지 않고

---

*   *Historical and Cultural Atlas*, p. 137.

허쉬처럼 학습된 정보만이 중요하다고 믿으면 위험하다는 사실을 다시 한번 짚고 있다.

허쉬는 학생이 정보를 배우는 방식이나 정보에 반응하고 그에 대해 생각하는 방식은 제쳐둔 채, 핵심 교육과정에 포함된 정보가 교육과정에서 공평성을 세우는 해결책이라 주장한다. 그는 기계적 학습을 옹호한다. 그런데 그런 기계적 학습조차도 허쉬의 기대만큼 간단하지 않다. 수치스럽거나 모욕적인 내용을 반복해 암기시키는 행위, 자신의 판단과 어긋나거나 자기 경험을 욕되게 하는 설교, 반쪽짜리 진실, 무기력을 야기하는 이야기를 권위에 의해 억지로 받아들여 기억에 저장하는 행위는 공평성이나 수월성으로 가는 길이 아니라 무지와 불평등을 지속시키는 방식이기 때문이다.

허쉬의 책은 불안한 부모와 예민한 교사에게 경쟁에서 유리한 고지에 올라서기 위한 공식을 제공할 목적으로 만들어졌기에 위험하다. 모든 아이가 학업을 잘 해낼 수 있게 할 공평한 토대가 담겨 있다고 떠들어대지만, 사실은 내 아이가 그 내용을 숙달하면 학업에서 앞설 것이라고 은연중에 약속한다. 그러나 여기에는 허쉬가 의도하지 않았으나 우리가 감사해야 할 점도 있다. 그것은 핵심 지식이란 무엇이고, 그것이 학교라는 맥락에서 어떻게 비판적 사고로 이어질 수 있는지 자문하게 된다는 것이다. 배움이 암기의 차원을 뛰어넘는 것이라 믿는 사람이라면 교육과정을 통해 아이들의 민주적 사고를 촉진하고 스스로 좋은 삶을 꾸려가면서 겪는 불공평에 맞서도록 이해를 넓힐 수단을 갖추도록 해야 한다고 생각할 것이다. 그렇다면 우리는 그런 교육과정의 핵심 내용이란 무엇이어야 하는지 검토해야 한다. 일부 진보적 교육자들처럼 과정에 관심을 기울이고 비판적 분석과 체험 학습, 개인적 감수성과 창의적 표현에 초점을 모으는 것만으로는 충분하지 않다. 교육자로서 우리는 아이들의 생존과 성장에 필요한 지식이 무엇인지 또한 검토해야 한다. 때가 되면 우리 아이들도 권리장전을 배워야 한다는 점에는 이견이 없다. 다만 허쉬가 했을 법한 단순 암기를 시키는 것이 아니라, 그 권리가 어째서 우리의 것인지, 그 권리를 지키지 못하면 어떻게 되는지를 깊이 알도록 해야 한다. 아이들은 당연히 헌법을 알아야 하고, 그것도 조항별로 꼼꼼히 알고 있어야 한다. 또한 우리의 공통의 역사와 창조적인 삶의 방식도 알아야 이 세상의 삶에 대응할 수 있다. 교육과정의 핵심에 얼마나 많은 내용을 담아야 하는지, 무엇을 언제 가르쳐야 하는지의 문제는 어렵지만 반드시 직면해야 할 문제다. 문화와 젠더, 계층의 다름뿐만 아니라 학생의 인격과 생각에 대한 존중을 담아 비판적으로 가르쳐야 한다는 점에는 의심의 여지가 없다. 과정과 내용은 신중하고 비판적인 교육학(페다고지) 안에 융합되어야 한다. 이 공통 핵심common core 이외에 특정 집단별로 꼭 필요한 여러 핵심 지식도 염두에 두어야 한다. 여학생은 여성사를 배우고, 아프리카계 학생들은 그들의 저력의 근간이 되는 역사를 배워야 한다. 같은 관점이 라티노와 아시아계, 유럽계 학생들에게도 적용되어야 한다. 모든 학생이 출신 민족은 물론 다른 민족의 서사를 다중적으로 접하는 일에 불편함이 없어야 한다. 교육자로서 우리는 아이들이 복합적이며 고통스러웠던 우리 역사에 근접하도록 다양하면서도 공통된 서사를 만들어나가야 한다. 교육의 공평성은 그런 다양성을 전제로 해야 비로소 나올 수 있다.(주마다 교육 내용이나 수준이 달라 이런 차이로 국가 경쟁력이 떨어지고 향후 대학 진학 시의 교육의 질에도 영향을 끼친다는 판단으로, 미국에서 국가 차원의 기준과 공통 내용 수립에 대한 요구는 1990년대부터 꾸준히 등장했다. 허쉬의 출판물도 그런 배경에서 등장했다. 2009년부터 미국은 실제로 '커먼 코어'라는 정책에 따라, 모든 주에서 적용할 수 있는 통일된 학습 기준과 공통 내용을 마련하여 읽기와 쓰기를 포함한 영어와 수학에서 반드시 습득해야 할 지식, 개넘을 규정한 교육과정을 운영한다. 정식 명칭은 커먼 코어 스테이트 스탠다드Common Core State Standards, 간단히 CCSS라고도 한다. 콜이 짚고 있는 문제 말고도 학교와 교사에 따라 배우는 방식이 다르고 기초 실력이 부족한 학생이 소화하기 어려운 수준, 이로 인해 그 취지 가운데 하나인 인종·빈부격차에 따른 학력 격차 해소와 상반된 결과, 각 주의 독자적인 교육권 침해라는 비판 등 논란이 많다. −옮긴이)

불평등 무력화와 민주 교육

우리가 국민으로서 민주 사회를 이루기 위해 여전히 분투하고 있듯이, 교육자로서의 우리는 민주주의 사회에서 교육이란 어떤 것이어야 하는지 이해하기 위해 변함없이 분투한다. 허쉬의 시도처럼 핵심 교육과정을 규정하려는 행위는 본래 불공정하다. 그렇다고 내용은 무시한 채 오로지 비판적 과정에만 초점을 모으면 어리석게도 지식과 역사, 문학의 중요성을 부정하게 된다. 과정과 지식을 신중히 조율하여 우리 사회의 다양성을 존중하고 학교교육에 침투한 불공평을 무력하게 하려는 노력은 아마도 현재의 교육개혁 논쟁에 핵심적이면서도 이제껏 제기된 적 없는 문제일 것이다. 우리는 부단히 등장하며 자체적으로 갱신되는 교육과정을, 끊임없이 진화하고 이동하는 핵

선생님께는 배우지 않을 거예요

심과 학생 및 그 지역사회의 목소리에 부응한 비평을 도출해낼 수도 있다. 그야말로, 미국에서 민주주의를 꽃피우려는 노력의 한 축이라 해도 무방하다.

대학에 부는 정치적 올바름 논쟁을 이해하고자 하는 사람이라면 공교육의 교과내용에 얽힌 쟁점도 주의 깊게 들여다보아야 한다. 교사가 아이들 앞에서 인종차별적이고 성차별적인 사상을 드러내는 행위는 무해하지도 중립적이지도 않으며, 학문의 자유 문제로 볼 수도 없다. 1, 2학년 아이들에게 인종차별을 전도하는 교사가 자신의 견해를 옹호할 방편으로 부모와 교육 공무원이 자신의 학문적 자유를 제한한다고 비난하는 모습을 상상해보자. 그리고 그 사람이 부모와 지역사회 사람들 때문에 아이들이 인종차별적, 성차별적인 사상에 노출되지 못한다고 트집을 잡으면서, 그들을 가리켜 정치적 올바름을 지나치게 강요한다고 비난하는 모습을 상상해보자. 사안이 중대하지 않다 해도, 그 사람은 비웃음을 살 것이다. 인종차별이나 성차별을 가르치는 행위는 학생에게는 파괴적이고 지역사회에게는 모욕적이며, 직업윤리에 어긋나고 부도덕하기 때문이다.

대학의 학문적 반동 세력이 경멸조로 '정치적 올바름'이라 부르는 행위는 공교육의 맥락에서 보면 도덕적으로 옳으며 세심한 것으로 간단히 정리된다. 공교육 현장이야말로 인종과 민족성과 젠더 문제를 대하는 감수성과 인식이 변할 가능성이 가장 큰 장소이다. 대학의 교육자에게는 더욱 넓고 민주적인, 한편으로는 그 이상만큼이나 벅차기도 한 교육과정의 본보기로서 눈여겨보아야 할 곳이기도 하다. 그런 교육과정이라면 우리 사회가 거쳐온 과정이 정확히 기술될 것이며, 그 민주적 이상이 진지하게 수용된다면 이 사회의 장래에 대한 상상 또한 담겨 있을 것이다.

선생님께는 배우지 않을 거예요

이야기
다섯

창의적 부적응

새내기 교사의 '부적응'

지난 기억이나 이야기가 담긴 물건을 잘 버리지 못하는 탓에 나는 지난 30년 동안 가르쳐온 학생들의 글과 그림을 적잖이 모아 두었다. 최근 나는 1962년 공립학교에서 처음 맡았던 반 아이들의 파스텔 그림이 담긴 화첩을 우연히 발견했다. 갈색과 오렌지색으로 모딜리아니의 초상화를 섬세하게 복제한 사라의 그림, 검은색 도화지를 배경으로 파란 바다를 솟구치는 휴 리의 하얀 모비 딕, 카를로스 M이 그린 사악한 눈이 달린 손…. 무시무시한 사자의 얼굴 여기저기에 칼자국을 낸 글로리아의 그림에는 '난도질'이라는 제목이 빨간 크레용으로 쓰여 있었다.

학급에 쓸 파스텔을 장만해 아이들에게 오후 내내 그림을 그리게 하던 기억이 떠오른다. 체스나 도미노, 체커 같은 게임을 하거나 나와 함께 시나 이야기를 읽어도 되었고, 음악을 듣거나 찰흙을 빚어도 상관없던 오후 활동은 무질서를 피하는 동시에 서로 알아가는 한편, 때때로 학생을 개인적으로 돕는데 요긴하게 활용되었다. 이런 활동이 단순한 전환용이 아니라 제대로 된 교육의 중심에 있다는 사실을 깨달은 건 한참 뒤의 일이었지만 말이다. 우리 반 아이들은 수업 중에 교실 밖으로 돌아다니지 않고 일과가 끝나면 깔끔하게 정리정돈했기 때문에 학교 안의 다른 사람들은 개의치 않는 듯이 보였다.

그러나 파스텔 때문에 곤란한 상황을 맞이하기도 했다. 새학기를 시작한 지 두 달째에 접어들 무렵, 그 학군의 미술교육 조정관이 우리 교실을 방문하자 나는 우리 아이들의 그림을 뿌듯해하며 보여주었다. 그때 나에게 돌아온 것은 관심과 격려가 아니라 학군의 교육지침서였는데 그 안에는 미술 교육과정에 대한 설명과 함께 파스텔이 6학년용 재료라고 나와 있었다. 우리 반은 5학년이었으므로, 나는 파스텔은 물론 파스텔로 그린

선생님께는 배우지 않을 거예요

작품을 모두 치우라는 지적을 받았다. 나는 같은 5학년이라도 우등반에는 파스텔이 있어서 늘 활용한다는 점을 들어 항의했다. 그러나 '그런' 학생들은 읽기 능력이 같은 학년 수준 이상이라 상위 미술 재료를 사용할 만하지만, 우리 반 학생들은 수준에 못 미치므로 파스텔을 사용할 자격이 없다는 것이 조정관의 답변이었다.

참으로 어이가 없는 논리여서 나는 웃어야 할지 맞받아쳐야 할지 머뭇거렸다. 내가 말을 꺼내려던 차에 교감 선생님이 끼어들었다. 교감 선생님은 교육 조직의 위계에서 벌어지는 황당한 일에 익숙한 사람이었다. 그녀는 내가 아직 신입 교사라 잘 몰라서 그런 것이니 잘 지도하겠다고 조정관에게 말하고 상황을 정리했다. 그날 퇴근 전에 그녀는 나를 사무실로 불러 불합리한 체제에서 살아남는 데 필요한 조언을 들려주었다. 그녀는 내가 파스텔을 치우지 않으리라 판단하고, 나더러 지침서를 읽고 그 내용에 위배되는 점을 숙지해두었다가 감독기관에서 방문하면 문제없게 보이도록 해보라고 제안했다. 게다가 내 나름대로 아이들에게 최선의 교육을 계속하면서도 장학사들에게 책잡힐 구실이 없도록 적절한 신호도 보내겠다고 약속했다. 그렇게 하면 그녀도 곤란한 상황을 피해갈 수 있을 것이었다. 사실상 그녀는 불합리한 요구에 순응하지 않고 저항하는 방법을 알려주고, 최고의 교사들이 일상적으로 실천하는 체제 파괴의 길로 나를 인도해준 셈이다.

이것이 체제의 요구에 순응하느냐 학생의 욕구에 부응하느냐의 갈림길에서 내가 처음으로 마주한 사건이었다. 그것은 내가 '부적응maladjustment'이라 말해온 행위에 담긴 교훈이었다. 1960년대 중반, 나는 마틴 루터 킹 주니어가 1958년 5월 캘리포니아 주립대학 버클리 캠퍼스에서 한 연설에서 부적응이란 개념을 처음 접했다. 여기서 그는 다음과 같은 말을 남겼다.

현대 심리학에는 그 어떤 말보다 자주 사용되는 단어가 하나 있습니다. 바로 '부적응'이라는 말입니다. 신경쇠약과 정신분열증이라는 진단을 피하려면 잘 적응해 사는 법을 찾아야 합니다. 그러나 우리의 사회질서에는 내가 자랑스럽게 부적응하고, 여러분에게도 부적응하기를 요청하는 지점이 몇 가지 있습니다. 나는 결코 인종분리와 차별에 적응할 의사가 없습니다. 나는 결코 폭민 정치에 적응할 의사가 없습니다. 나는 절대로 물리적 폭력이 초래하는 비참한 결과와 비극적인 군국주의에 적응하지 않을

선생님께는 배우지 않을 거예요

것입니다. 나는 여러분도 그런 일에 부적응할 것을 요구
하는 바입니다.*

　돌이켜 보면 파스텔에 얽힌 나의 경험은 작은 사건이기는 해
도 킹 박사가 주창한 거대한 투쟁, 즉 특권과 인종차별의 문제
와 맞닿아있다. 학교에서 '좋은' 학생은 백인 중상층에 속하며,
'영재'라고 인정받는다. 대부분 가난하고, 주로 푸에르토리코
계인 우리 반 학생들이 거부당한 특권과 교재는 그들에게만 허
용됐다. 파스텔과 독본 같은 교재만 하더라도 두 집단의 학생
이 공평하게 사용할 수 있는 것들이었음에도 그러지 못했다.
나는 그런 불공평한 처사에 적응하기를 거부했다.
　적응은 가벼이 포기해서는 안 되는 것이다. 가족과 직장, 문
화와 사회에 편안히 어울릴 수 있다는 건 멋진 일이다. 내가 찾
은 것 중에 '적응'을 가장 명확하게 정의한 내용은 다음과 같다.

　'적응'이란 개인이 자신의 진실성을 온전히 보존하며 신
　체적 · 사회적 · 지적 · 도덕적 환경 그리고 자기 자신과

---

*　Martin Luther King, Jr., *I Have a Dream: Writing and Speeches that Changed the World*,
　ed. James M. Washington (New York and San Francisco: Harper San Francisco /
　HarperCollins, 1992), p. 33.

조화로이 살 수 있는 능력을 의미한다고 할 수 있다. …
적응은 그 자체로 중요하다기보다는 개인과 … 그 사람의
… 환경 사이의 관계를 설명하는 말이다.*

굳게 지켜온 도덕적 가치를 포기하지 않으면서 환경과 조화
를 유지하는 일이 불가능해질 때, 창의적 부적응은 포기보다 분
별력 있는 대안이 된다. 창의적 부적응에는 몇 가지 요소가 있
다. 도덕적으로 문제 있는 사회 구조를 타파하고 환경 속에서
주도적으로 자리매김하며 개인의 진실성과 정직성을 바탕으로
세상을 재조정하는 일도 여기에 포함된다. 말하자면, 철저히 타
협하며 사는 세상에서 개인의 도덕성에 관한 최소한의 타협만
으로 살아남는 법을 익히며, 필요하다면 계획을 세우고 의지를
다지며 갈등도 불사함을 의미한다. 또한 개인주의라는 허상으
로 진실성이 부정되고 고립과 자기 불구를 초래하는 사회에서
홀로 존재하지 않을 방법을 강구한다는 의미다. 이따금 일어나
는 대규모의 개조 운동뿐만 아니라 일상의 작은 부적응 행위도
이와 마찬가지다. 그리고 여기에는 의지와 결단, 사람들이 힘을
합쳐 큰일을 일궈낼 수 있다는 신념, 주도면밀한 계획 그리고

---

* Fritz Redl and William Wattenberg, *Mental Hygiene in Teaching* (New York: Harcourt, Brace, and World, 1951; 2nd ed 1959), p. 185

　　　　　선생님께는 배우지 않을 거예요

어려움 속에서도 흔들리지 않는 유머 감각이 요구된다.

창의적 부적응에는 깊은 사고가 따른다. 억압적이라 생각되는 사회 체제의 성격에 따라 자신의 부적응을 조율해야 하기 때문이다. 또한 다른 사람들이 그런 체제에 어떻게 영향을 받는지, 어떻게 하면 개인의 불만이 도덕적·정치적 행동으로 전환될 수 있는지, 분별없는 적응이 야기하거나 고착시킬 수 있는 폭력을 어떻게 소리 높여 비판할 수 있는지에 대해 이해해야 하기 때문이다.

부적응을 선택했을 때, 신중하지 못하면 난처한 상황에 빠지기도 한다. 처음 교단에 설 때 즈음 나도 그런 문제를 두 번 겪었다. 나는 6주 동안 교생 실습을 하면서 지도 교사의 관행과 상충하는 교육 행위로 갈등을 빚은 적이 있다. 당시 내 지도 교사는 내가 학생과 거리를 두지 않고, 너무 격의 없으며, 교안에 충실한 학습 활동 대신 융통성 있고 교과 통합적인 프로젝트를 진행한다고 질책했다. 내가 판단하기에 학생들의 배움과 자존감에 해로운 활동을 요구받을 때면 나는 허락 없이 임의로 수정했다. 이런 부적응은 나의 진실성을 견지하고 학생을 돕는다는 측면에서는 의미가 있었으나, 담당하는 교실도 학교 내의 안정된 지위도 없는 교생 신분으로서는 자살행위나 다름없었다. 결국 나는 교생 실습 마무리를 2주 남겨두고 지도 교사로부터 갑작스러운 중지 통보를 받았고, 교장의 명령으로 그 학교를 나와야 했다.

천만다행으로 컬럼비아대학교의 교육대학원에는 훌륭하고 진보적인 교육자가 나의 지도 교수로 있었다. 그녀는 나의 경솔한 처신을 짚어주고, 내가 학교에서 가르치고 학교를 변화시키고 싶다면 우선 그에 합당한 자격을 갖추어야 한다고 일깨워주었다. 그리고 교생 실습 이수 요건을 갖출 수 있도록 다른 학교에서 나머지 2주의 기간을 채우도록 조정해주었다. 이 일은 공식적으로는 합법이 아니었지만, 그녀는 교육대학원의 체제 내에서 창의적으로 부적응하는 법을 알고 있었고, 더욱이 기관 내부의 규칙을 유연하게 거스를 수 있는 권한과 경험도 있었다. 계획이 뒷받침된 그녀의 창의적 부적응은 효과가 있었다. 반면에 나의 지각없는 부적응은 실패했다.

내가 교사로 부임한 첫해에도 비슷한 일이 일어났다. 파스텔은 문제의 일부에 지나지 않았다. 교사회와 노조에서 학내 불공정 사례를 공개적으로 언급해 첫 학기가 끝나자 내 의사에 반하여 전근을 가게 되었다. 당시 나의 부적응은 창의적이지도

선생님께는 배우지 않을 거예요

효과적이지도 않았다. 그래서 나는 그때 좀 더 완급조절을 하고 신중하게 대응했다면 학교와 지역사회에 얼마나 큰 도움이 되었을까 곱씹곤 한다.

햇병아리 교사였던 나는 아직 배움이 부족하고 지지기반이 너무나 미약했음에도 그 지역사회와 학군 내에서 경험과 친구, 동지도 하나 없이 자력으로 큰 개혁을 이루어낼 수 있으리라는 자만에 부풀어 있었다. 그렇더라도 그 학기에 얻은 교훈은 있었고, 그것은 이후 30년간 나의 교직 생활 내내 사고와 실천의 핵심을 이루고 있다. 앞서 언급했듯이, 당시 우리 반 학생의 대부분은 푸에르토리코 집안 출신이어서 거의 모두가 스페인어를 모국어로 사용했다. 그러나 그때는 뉴욕시 교육위원회의 공식 정책에 따라 교실에서의 스페인어 사용이 금지되었다. 나는 우리 반 아이들이 하는 말을 추측할 수 있을 정도로 불어와 이탈리아어를 알고 있었으나, 스페인어는 그 정도까지는 아니었다. 게다가 나는 그런 정책에 영리하게 문제를 제기할 만한 자신감이나 경험도 미약했다.

그 시기에 교사는 모든 아이의 언어 능력과 지적 능력을 영어로 평가하며 읽기와 수학 수준을 진단해야 했다. 평가 결과, 아이들의 수학 능력이 읽기 능력보다 높게 나온 것은 빤히 보이는 결과였는데도 이를 의외로 받아들이는 사람들이 있었던 모양이다. 이 정보에 근거해서 여러 학자가 다양한 결론을 끌어냈다. 이를테면 스페인어를 쓰는 아이들은 언어 능력보다 추상적 사고 처리능력이 더 높다든지, 언어 능력과 상관없이 수학 능력이 발달한다는 등의 주장이 그것이다. 그러나 학자들은 그 상황 분석에 있어 중요한 지점 한 가지를 무시(또는 몰랐거나)했다. 수학을 잘한 아이들은 거의 어김없이 스페인어도 동등한 수준으로 잘 읽었다는 사실이다. 나도 이 사실을 우연히 알게 되었다. 어느 날 나는 학교에 우연히 책 한 권을 가져왔는데, 그 책에는 가르시아 로르카Garcia Rorca(20세기 스페인의 대표적인 극작가이자 시인-옮긴이)의 '뉴욕의 시인Poeta en Nueva Youk'이라는 스페인어 시의 일부가 실려 있었다. 그런데 영어를 읽지 못하던 아이가 그 시를 술술 읽으며 내게 번역까지 해준 것이다. 그 일로 오로지 영어 읽기와 쓰기 평가를 통해 언어 능력을 측정하려는 시도가 불합리하고 잔인한 것이라는 점이 분명해졌다.

내게 시를 읽어준 학생, 빈센테는 교실에서는 문제아였지만 학교 밖에서는 기쁨을 주는 아이였다. 수업 중에는 꼼지락거리거나 다른 아이들을 귀찮게 했다. 마치 잔뜩 웅크린 스프링 같아서, 놓는 순간 튀어 올라 교실 문과 창문, 벽을 뚫고 나갈 것

선생님께는 배우지 않을 거예요

만 같았다. 그러나 학교 밖 거리나 빈센테의 부모님이 운영하는 작은 식당에서 마주칠 때면 사람을 끌어당기는 매력에 더해 당시의 정치·사회적 논쟁에 대한 놀라운 식견을 뽐냈다. 그의 부모는 아이의 학교생활로 골치를 앓았다. 그들은 빈센테가 푸에르토리코에서 살 때는 우등생이었는데 미국에 온 지 삼 년이 되도록 학교 성적이 형편없다고 넋두리를 늘어놓았다. 그들은 어쩌면 언어 문제 때문일거라고 생각은 했지만, 푸에르토리코의 교사라면 학생들을 더 아끼고 더 존중했을 거라고 속마음을 내비쳤다.

나는 빈센테에게 호감을 느꼈고, 그 아이의 지능과 감수성을 알아보게 되었다. 그러나 빈센테는 여전히 바보처럼 굴며 다른 아이들에게 그런 모습을 선보이길 좋아했으며, 갖은 노력을 다해 나를 실망시키려 했다. 빈센테가 있던 반은 학년에서 최하위였으며, 반의 모든 아이가 실패자라는 굴욕감을 안고 살았다. 그들의 진실성은 교육기관에 의해 더럽혀졌다. 개중에는 교사나 체제를 다치게 하려다 도리어 자기들이 상처를 입으면서 빈센테처럼 체제에 앙갚음하기로 마음먹는 아이도 있었다.

당시 나는 20대 초반에 경험도 거의 없다시피 했다. 나는 빈센테를 어떻게 도와야 할지 감을 잡지 못했지만, 학교 밖에서 그를 비롯한 여러 아이를 만나고 그들의 부모와 친분을 쌓으면서 학교에 다니는 아이들은 제도의 틀이 빚은 모양대로 행동한다는 사실을 깨달았다. 그리고 아이를 학교에서의 행동만으로 판단해서는 결코 안 된다는 점을 명심하게 되었다.

나는 학교교육이 내거는 요구와 그 구조가 정상적이므로 이에 적응하지 못하는 아이들이 문제라는 관점에 스스로 부적응해야 했다. 이것은 교사로서의 나에게 당연시되던 삶의 본질을 검토하는 것 그리고 통제에 불과한 교육 관행 속에서 현명하게 처신하고 학생에게 유익한 일을 가려내야 함을 의미했다. 또한 직무상의 무능력은 용인하는 반면 직설을 하거나 남다른 아이들을 소외시키는 기제를 파악하고, 아울러 인종차별이나 성차별에 물든 관행과 언어를 인식하는 것도 의미했다. 부적응하면서도 잘 가르치려는 노력이 따라야 했고, 근무를 계속 이어가려면 창의적인 기지를 발휘해야만 했다. 나는 창의적으로 부적응하는 요령을 터득해야 했다. 학교가 항상 적응할 만한 가치가 있는 곳은 아니며 학생이 강요된 교육을 거부하는 행위가 옳을 수도 있다는 사고를 내 모든 교육 행위에 합일시켜야 했다.

창의적 부적응의 필요성을 이해한다는 것은 공교육을 거부하는 것이 아니며, 오히려 그 가능성을 긍정하고 확인한다는 의미다. 그것은 공교육이 모든 아이를 위해 움직이게 하기 위한 내 오랜 투쟁의 일부였음을 나는 줄곧 깨닫고 있다. 가장 큰 문제는 공교육 자체에 있는 것이 아니라, 공교육이 제 기능을 못하니 포기해야 한다는 태도, 당장 배우지 않는 학생이 많다는 이유로 그들이 배울 능력이 없다고 단정 짓는 태도에 있다. 학교가 제대로 돌아가게 하는 것이 교육자인 우리의 일이며, 이를 위해서는 체제 안에서 학교를 바꾸기 위한 투쟁에 가담해야 한다. 킹 박사는 그의 생애를 바쳐 사력을 다해 민주주의의 기능을 되찾으려 했다. 민주주의가 작동하지 않는다고 절망한 나머지 포기하는 일 따위는 없었다.

나는 수년 동안 학교를 분석하는 법을 익히고, 아이를 행동으로 판단하기보다는 학교가 아이의 행동에 끼치는 영향을 알아내려 노력했다. 나는 부적응할 줄 알았기에, 벽을 쌓고 적대적으로 행동하던 그 많은 아이에게 닿을 수 있었다. 부적응할 줄 알았기에, 학생을 성적과 행동으로 판단하지 않고 학교 문화와 학생의 사회·문화·경제적 삶 사이의 상호작용에 주의를 기울이면서 교육관을 형성할 수 있었다.

교육 분야에서 '퍼포먼스performance'란 말은 주로 시험 성적과 행동을 나타내는 말로 쓰인다. 그러나 나는 이 말이 무대적 은유로서도 적절하고 유용한 단어라고 생각한다. 아이들은 학교라는 무대에 서 있는 셈이고, 교사는 여러 관객 가운데 하나에 불과하다. 다른 학생, 부모, 지역사회의 구성원 또한 관객이다. 학생은 저마다 각각의 관객으로부터 인정을 받는 동시에 본연의 개성과 도덕적 진실성을 지켜야 한다는 과제를 안고 있다. 학교에서 성격을 형성하는 일은 매우 복잡하면서도 아슬아슬한 문제다. 불행히도 학교는 종종 그 대본을 단순하게 구성하여 아이들을 좋음과 나쁨, 정상과 비정상, 총명함과 우둔함, 우등과 열등 등의 기준으로 나눈다. 학생은 이런 분류에 따라 역할을 강요받지만 그 역할의 일부밖에 수행할 수 없다. 교사로서 나는 이와 같은 이분법에 부적응하고, 나의 사고와 어휘에 이분법적 체계가 침투하지 못하도록 거부해야 한다는 사실을 절감했다. 내가 교직에 몸담은 지 4년이 지난 1966년, 이런 부적응에 진심 어린 호소를 담아낸 결과 나는 의도치 않게 농인 인권운동에 발을 들여놓게 되었다.

농인 교육에 부적응하기

당시 나는 대학원에 다니고 있었고, 예전에 가르쳤던 지역의 아이들과 교육 활동을 이어가면서 강의를 들을 수 있었다. 당시 내가 수강했던 과목 중에 '농인을 위한 자연언어'라는 과목이 있었는데, 그 과목은 농아동 교육에 있어 총체적^{holistic} 접근 방식을 취하기는 했으나 구화주의(독순술과 발화훈련만으로 농인의 의사소통을 지도해야 한다는 이론. 농아 교육에서는 구화주의와 수화주의에 대한 논쟁이 오랫동안 지속돼 왔다.-옮긴이)를 지지하는 입장이었다. 수업을 하던 사람은 농아동의 학습 향상에 삶을 바친 훌륭한 인물이었으며, 농아동은 읽기·쓰기·말하기가 통합된 비격식 회화 환경에서 말을 가장 잘 배울 수 있다는 교육관을 지니고 있었다.

학기가 중반에 이른 어느 날, 여덟아홉 살은 되어 보이는 소녀가 수업에 초대받아 이 교수법의 효과를 구현해 보였다. 그 아이가 풍기는 기품과 집중한 모습에 가슴 속 뭔가가 꿈틀거렸다. 그런데 아이가 자기 학교에 대해 말하기 시작하자, 나는 한 마디도 알아들을 수 없었다. 초조하고 애쓰는 기색이 역력한 가운데 아이의 입에서 나오는 것은 영어를 닮은 듯하면서도 영어라고는 할 수 없는 그 무엇이었다. 긴장으로 일그러진 아이의 얼굴을 보면서 나는 자기가 정확히 말하는지 확인하기 위해 자기 목소리에 귀를 기울이는 것이겠거니 생각했다. 그 상황을 지켜보다 문득 그 아이는 자기 말소리가 들리지 않고 자기 말을 수정할 수 없으며 청중의 반응도 들을 수 없으리라는 생각이 들었다. 그제야 비로소 나는 소리 없는 세상에 있는 나 자신을 상상해보았다.

무언가 잘못되었다는 생각이 들었다. 이 소녀는 분명 똑똑하고 감수성이 넘치는 아이였다. 눈빛과 손짓이 말해주고 있었다. 그러나 고통스러워했다. 그녀는 농아에게 말을 하게 하려는 그 학교의 의도를 보여주는 최고의 본보기였다. 그 아이가 아니라 그 아이가 속한 교육 조직의 무언가가 잘못되었다. 상황이 마치 부적응하라고 간청하는 듯했고, 우리 반 교실에서 스페인어를 쓰지 못하게 하라는 말을 들었을 때의 좌절감이 떠올랐다.

나는 그 소녀가 다니던 학교를 방문해보기로 결심했다. 학교에 들어서기도 전에 나는 그 일대가 수화 지배 환경이라는 사실을 알게 되었다. 버스에서 내리거나 지하철역에서 올라오는 학생들이 수화로 대화했다. 놀이터에 있는 아이들도 수화를 했다. 마지막 담배 한 모금을 빨아대거나 근처에서 서성이며 잡담을 늘어놓는 고학년 학생들도 수화를 사용했다. 수화금지 조치는 아이들이 학교 안으로 들어가자 시작됐다. 그러나 그런 조치는 학교 밖의 삶에까지 미치지 못하는 것이 분명했다. 교실을 방문하기도 전에 농인 교육에서의 수화금지 조치에 제도적으로나 사회학적으로나 깊은 문제가 있음이 내 눈에 확연히 들어왔다.

이런 인상은 몇 가지 사실을 확인하고 나서 더욱 확실해졌다. 우선 그곳 교사들은 모두 청력에 이상이 없고 수화를 모르는 사람들이었다. 매우 세심하고 진보적이라는 교육환경에서조차 학생들은 수업 중 무심코 수화를 쓸 때마다 두 손을 엉덩이 밑에 깔고 앉아야 했다. 학생의 학업성취도 점수도 비농아 중상층 대상 학교 학생에 비해 낮았는데, 이는 일부 학업과의 연계 작업이 이루어지지 않고 있음을 암시했다. 그럼에도 불구하고 교직원들은 그곳에서의 교육에 매우 열의를 보였고, 학생들이 영어 구어를 숙달하도록 하고 소기의 학문적 성과를 이루게 했다는 자부심이 컸다. 나는 학생에 대한 교사들의 기대치가 낮다고 느꼈다. 그들은 거의 이해할 수 없는 구어와 수준 이하의 성적을 뛰어난 결과로 받아들이고 있었다.

농인의 인지발달에 대한 문헌을 읽고 나니 이런 의혹은 더욱 굳어졌다. 미국 전역에서 농아동은 수화를 하지 않는 사람들에게 평가받고, 구어로 시험 안내를 받았으며, 비농인의 세상에서 가져온 교재를 읽어야 했다. 아이들의 배움에는 실패가 전제되어 있었고, 그들에게는 인지능력 결손이라는 꼬리표가 붙었다. 이런 체제는 학생들의 적응을 통해 유지되었고, 그럴수록 아이들은 정상에서 벗어나게 되었다.

때마침 나는 국립 농인 극단을 주제로 한 루이 판트 주니어Louie Fant Jr.의 책을 읽다가 수화 사전에 대한 윌리엄 스토키 William Stokoe 교수(미국의 언어학자. 수화체계 연구로 전 세계 농인 교육과 문화에 큰 영향을 끼쳤다. - 옮긴이)의 연구가 언급된 내용을 발견했다. 내가 조언을 구한 전문가 중에 수화를 심도 있게 연구하는 사람은 없었다. 그들이 수화에 대해 아는 것이라고는 기껏해야 백 년 전에 나온 연구 하나밖에 없었다. 스토키 교수는 감사하게도 자신의 연구를 내게 보내주기까지 했는데, 그의 초기 연구가 인류학과 사회학 분야에서 진행되어서인지 교육자들은 그 연구를 읽지 않았다. 나는 그의 연구를 통해 수화에 대해 내가 품었던 생각, 즉 수화는 통사구조와 문법을 갖춘 하나의 언어체계라는 판단과 농인 교육을 책임지는 연구 조직 전체가 문화적으로 편향되고 지적으로 무책임하다는 의혹이 사실임을 확인했다.

나는 여기에 두 가지 근본적 원인이 있다고 생각한다. 첫 번째로, 청력이 있는 사람들이 농인 교육을 좌지우지하면서도 수화를 배우려 하지 않는다는 점이다. 두 번째는 농아동 부모의 다수를 차지하는 청인(聽人) 부모들에 의해 수화를 무시하는 현상이 강화되었다는 점이다.(1950년대 말과 1960년대 초에 풍진이 유행해서 내가 글을 쓰던 당시 학령기 농인 인구가 늘었다.) 부모들은 자기 자녀들이 수화를 사용하여 농아로 인식되기를 바라지 않았다. 그들은 자녀가 청인의 사회에 적응하기를 바랐다. 아이들이 입으로 말하고 '정상인'이 되기를 바랐으며, 교육자들은 그것이 불가능한 일임에도 불구하고 그런 부모들이 원하는 방향으로 교육하려고 했다. 그 결과 청인인 부모와 농아 자녀들 사이에 소통이 단절되고 이는 종종 쓰디쓴 결과를 불러오기도 했다.

이 연구 과정에서 알게 된 사실 가운데 가장 고통스러운 대목은 많은 부모가 수화 학습을 경시하고 자녀들과의 소통을 포기했다는 점이다. 대신, 부모들은 자녀들의 미래가 불안한 나머지 아이들이 말할 수 있도록 하겠다고 약속한 교육자들에게 자녀를 맡겼다. 사회적 기준과 언어적 적응은 부모와 자녀 사이를 가로막는 장벽이 되었다. 우리는 오늘날 이주자의 자녀들에게서도 이와 비슷한 상황을 종종 보곤 한다.

나는 언어와 농아 교육을 주제로 대학원 논문을 작성하면서 농아동이 수화 또는 수화·구어를 병용해 배워야 하고, 농아 자녀가 있는 부모들도 수화를 배우는 것이 최선이라고 결론을 내렸다. 그 이듬해, 내 논문은 《농인 언어와 교육Language and Education of the deaf》이라는 제목의 소책자로 출간되었다. 이 책은 폭발적인 반향을 불러일으켰다. 농인 교육 분야에서 영향력이 가장 큰 알렉산더 그레이엄 벨 농인협회는 외부인인 내가 농인 교육현장에 개입할 권한도 없이 무책임한 주장을 일삼는다고 비난했다. 그와 동시에 나는 워싱턴 D.C.에 있는 농인 대상의 최고 고등교육 기관인 갤러뎃대학교Gallaudet College(당시에는 단과대였으나 지금은 종합대로 승격했다)에 초대받아 그 주제로 발표하고, 갤러뎃 캠퍼스에 있는 켄덜그린초등학교의 여름 프로그램에 참여하게 되었다.

발표 전의 저녁 만찬에서 나는 아내 주디와 함께 갤러뎃대학교의 교수진과 동석했다. 그 가운데 농인 사회에서 가장 큰 존경을 받는 파우리 닥터Powrie Doctor 교수가 우리 부부에게 말을 했는데, 이것은 그로서는 매우 드문 일이었다. 그도 귀가 전혀 들리지 않았으나 학생 시절 구어를 배우도록 강요받았다. 그때 겪은 수치심이 너무 커서 그는 특별한 상황을 제외하고는 구어

선생님께는 배우지 않을 거예요

사용을 일절 거부했다고 한다. 주디와 나 그리고 농인 사회의 다른 청인 친구들과 의사소통하는 경우가 그런 특별한 상황에 속했다. 저녁 자리에서 본 그는 입 모양을 보고 이해할 수 있고 청인 사회와 접점을 가질 수 있을 정도로 말도 할 수 있었으나, 청인 사회에 부적응하기로 결심했다고 말했다. 그는 마틴 루터 킹 주니어를 비롯한 민권 운동가들을 영웅으로 삼았고, 농인 인권운동에 대한 이상도 품고 있었다. 그가 바란 것은 농인 사회 내부에서부터 운동을 조직하여 궁극적으로는 농인이 자신들의 교육을 주도하고 청인 사회와 접점을 찾는 일에 대한 결정을 스스로 내릴 수 있는 사회를 구현하는 것이었다. 그가 들려준 이야기에 따르면, 벨 협회가 나의 소책자에 그토록 격하게 반응한 이유는 일단 농아 성인이 자신들이 제 기능을 못하는 체제의 희생자일 뿐이라는 것을 자각하고 자신들의 사고력에 대해 확신하게 되면 더 이상 청인 사회가 농인의 교육과 삶을 지배할 수 없기 때문이었다.

닥터 박사(사람들은 그를 그렇게 불렀다)는 청인 사회와 거리를 두고 지내면서 개인적으로 고뇌하고, 사회와 반목하며 고통스러운 시기를 보냈다. '안 들리고 멍청한deaf and dumb'(농인을 지칭하지만 비하의 표현으로도 쓰인다. dumb은 말을 못한다는 뜻 외에 멍청하다는 의미로도 자주 쓰인다. 말을 못 한다는 이유로 지능에도 문제가 있다고 여겨온 오래된 편견에서 비롯된 표현이다. -옮긴이) 사람이라는 낙인의 내재화를 되돌리고 그가 손짓을 할 때 쏟아지는 시선과 말할 때 받아야 했던 오해로 인한 상처를 회복하는 한편, 자신의 역량을 드러낼 방법을 찾아야만 했다. 그는 농인으로 사는 데 적응하지 않기로 결심했다고 말했다.

그에게 있어 적응이란 귀가 들리는 사람들이 움직이고 지배하는 세상에 맞춘다는 의미였을 것이다. 그 세상에서 그는 하자 있는 상품으로 간주되었을 것이다. 그래서 그는 청인 세계의 항해술을 익히고 그 항해의 시기를 선택하는 한편, 자신이 충실하게 살 수 있기를 기대하며 성인 농아 세계의 일부가 되었다. 또한 그는 농인과 더불어 가르치고 조직을 이끌고, 그리하여 그들이 청인의 세계에 지배당하지 않고 자신들의 세계를 움직이는 법을 배우는 데에 힘을 보태기로 결심했다.

그의 전략 가운데 하나는 농인에게 따라붙는 정형화된 상을 뒤집어 적용하는 것이었는데, 이것은 내가 말하는 창의적 부적응과 흡사했다. 한 가지 예로, 그는 학생들에게 대중교통으로 이동할 때 귀가 들리는 사람들의 손짓과 표정을 유심히 살펴보도록 했다. 그중에는 수화에서 의미를 띄는 표현이 많았고, 닥

선생님께는 배우지 않을 거예요

터 박사는 그 가운데 청인들이 무심코 손짓하거나 표정을 지을 때 나오는 우스꽝스럽고 성적인 암시나 민망한 뜻이 담긴 표현을 실연해 보였다.

같은 자리에 있던 사람들은 닥터 박사가 청인을 흉내 내는 모습에 박장대소했다. 나는 언뜻 이해할 수 없는 언어유희에서 배제된 느낌이 들었다. 닥터 박사는 그들이 나눈 농담을 설명한 후, 그와 같은 역할 바꾸기가 학생들에게 어떤 영향력을 끼치는지 설명했다. 학생들은 역할 바꾸기 연습을 통해 자신들이 관찰의 대상에 불과한 존재가 아니라 관찰의 주체가 될 수도 있음을, 낙인은 사회적으로 형성되는 것임을, 청인 세계에서도 열등감에 사로잡히지 않고 굳세게 버티는 자세를 배웠다. 창의적 부적응은 청인 세계의 시선과 조종으로 인한 분노에서 학생들이 스스로 풀려나도록 이끄는 수단이었다. 그의 목표는 수화를 긍정하고, 언어적 무지와 청인 세계의 편견에 신음하지 않는 농인 공동체를 건설하는 것이었다.

닥터 박사의 노력에 힘입어 농인 인권운동은 크게 고무되었다. 확신하건대, 그 일이 있은 지 10여 년이 지나 갤러뎃대학의 학생들이 강의실을 나와 농인 총장을 요구하는 투쟁에서 마침내 승리했을 때, 닥터 박사는 학생들이 보여준 창의적 부적응에 크게 흡족해했을 것이다.

《농인 언어와 교육》의 출판사에는 학교에서의 수화 사용을 옹호하는 나의 견해와 관련하여 수십 통의 편지가 도착했다. 그중에는 내게 농인 교육에 대한 글을 쓸 만한 자격이 있는지 의심을 표하는 편지도 있었다. 반면에 농인 인권운동을 주창하는 내용도 있었다. 나로 인해 수화를 배울 용기가 생겼다며 감사하다는 부모의 편지도 몇 통 있었다. 그들은 내 책을 통해 침묵과 슬픔만이 존재했던 농아 자녀와의 관계가 소통의 관계로 나아갈 계기를 찾았다고 전했다.

나는 농인 인권운동에 작게나마 보탬이 되었다는 생각에 마음이 놓였다. 이 운동은 농인의 지적·언어적 능력에 대한 고정관념을 개선하고 있으며 농인을 수식하는 '안 들리고 멍청한'이라는 표현에서 '멍청한'이라는 단어를 영원히 지워냈다. 나는 1968년 이후 농인 교육과 큰 접점이 없었지만, 학생의 행동 방식이 학생 자신과 가족, 지역사회와 문화라는 요인 못지않게 배움을 강요하는 체제의 영향을 받는다는 생각을 지금도 유념하고 있다. 학생들이 삶과 배움을 익히는 데 제 기능을 다하지 못하는 체제에 맞서 창의적으로 부적응하는 법을 깨우치도록 이끈다는 과제는 이후 교육자로서의 나의 활동에 중요한 부분이 되어왔다.

실제로 나는 지금도 교사교육 기관에서 일하면서 그와 같은 창의적 부적응이 숨 쉬는 교실을 그려본다. 창의적 부적응에 따르는 위험을 기꺼이 감수하는 교사가 없다면 공교육은 영원히 실패를 거듭하거나 해체되고 결국에는 민영화될 것이기 때문이다.

창의적 부적응 가르치기

최근 나는 학생들을 자극해 미래의 일에 그런 자세를 택하도록 고무하고 있다. 얼마 전 미네소타 주의 세인트폴에 있는 햄린대학교에서 학부생을 대상으로 '교육학 개론'을 가르쳤다. 이 강의는 장차 교사가 되려면 들어야 하는 교직 과목 중 첫 번째 과목이었으며, 학생들은 예비 초·중등 교사인 셈이었다. 나는 학생들에게 첫 과제로 그들이 받았던 교육 중 좋거나 나빴던 경험을 글로 작성하라고 했다. 제출한 과제의 반은 좋은 경험에 대한 것이었고, 나머지 반은 끔찍했던 경험에 대한 것이었다.

'좋은' 경험에는 각별한 노력을 쏟아 학생을 인격적으로 대하며 도전의식을 일으키거나 친구가 되어주고 지지를 아끼지 않은 교사들이 등장했다. 이 교사들은 학생과 일상적으로 접해야 하는 직무적 관계를 깨뜨리고 학생의 내적 욕구와 열망, 고민에 관심을 기울였다. '나쁜' 경험에는 학생이 일을 잘하지 못하거나 가르친 내용을 이해하지 못한다고 망신을 준 교사와 그로 인해 느낀 수치심에 대한 이야기가 많았다.

토론을 진행하면서 학생들이 공교육 교사가 되려고 하는 동기를 알 수 있었다. 이 강의를 듣는 학생 대부분은 자신을 자상하게 격려해준 교사에게서 받은 선물을 다시 학생에게 돌려준다거나 사회학자 에드거 프리든버그Edgar Friedenberg가 말한 '학교교육의 의례적 모욕주기'와 그로 인한 열등감, 수치심으로부터 학생을 지켜주고자 했다.

학생들의 반응을 진지하게 검토한 후, 나는 교실에서 학생에게 모욕 주는 행위를 뿌리 뽑기 위한 교사 개인의 교육관과 전략에 첫 두 주를 할애하기로 했다. 나는 학생들이 자신의 교육철학을 분명히 밝히도록 유도하고 교육관을 넓힐 수 있는 여러 교육 사상으로 인도하고 싶었다. 그러나 학생들 대부분은 이런 토론을 지루하다고 여겼고, 수업에서 읽을 교재와 진도별 과제 그리고 이전에 이 과목을 담당했던 교수와는 다른 나의 평가 방식을 알고 싶어 했다. 무엇보다도 그들은 예측 가능성과 규

선생님께는 배우지 않을 거예요

칙성 그리고 석차를 중시했다. 좋은 교육이었든 아니었든, 그들 또한 학교에 잘 적응해버린 것이다.

미래의 교육에 대해 분석과 개별적 맥락으로 접근하려는 나의 시도에 거의 모든 학생이 반감을 보였다. 그중 일부는 친구로부터 지난해의 교재와 시험 족보를 진즉에 입수해둔 상태였다. 미리 강좌를 '정찰'하고 나서 조금만 수고를 들이면 A를 받을 수 있겠다고 판단했던 모양이다. 이런 작업은 바쁜 학사 일정에서 일종의 구원투수 노릇을 할 수 있다. 그러나 그들은 목표와 결과에 대한 상이 다른 교수를 만나게 되리라는 예상은 하지 못했고, 이 상황을 원망했다.

학생들은 정답을 알고 싶었고, 나는 문제를 던지고 싶었다. 두 주 동안은 강의실에 음침한 기운이 감돌았다. 나의 수업 방향에 저항하는 기운이 역력해서, 나는 예전과 유사한 수업에 대한 바람에 편승하지 않고 그들의 마음을 사려면 어떻게 해야 할지 고민하느라 많은 시간을 보냈다. 제출한 과제에서 그들이 직접 들려준 내용에도 불구하고 그들은 모욕과 등급제로 엉켜버린 그물망에 대해 깊이 생각하지 않았고, 비인격화된 교육체제에 대해 질문 던지기를 그만두었다. 교재와 시험, 강의에 대한 그들의 바람에 내가 굴복한다면 그들이 꿈꾸는 교사가 되는 데 도움이 되지 않으리라 확신했다.

수업에 창의적 부적응이란 개념을 끌어들여야겠다고 생각할 즈음, 세인트폴의 무지개 슈퍼마켓 계산대를 지나다가 우연히 아이디어가 떠올랐다. 나는 잡다한 가십과 추문을 싣는 타블로이드판 신문에 호기심이 생기곤 했는데, 터무니없는 주장을 일삼는 신문이 특히 그랬다. "타이태닉호 생존자들, 빙산에서 피크닉 중 발견", "히틀러, 부에노스아이레스에서 정육점 운영", "밍크코트, 주인을 삼키다"와 같은 기사 제목을 보면 왜곡된 정보가 대중에게도 먹히고 있음을 알 수 있다. 도무지 진척을 보이지 않는 수업 진도로 고민하던 차에, 마침 "나무다리를 달고 태어난 아기"라는 제목이 눈에 들어왔다. 나는 그 제목에 딸린 기사를 읽고 이것을 수업 내용에서 다루어야겠다고 생각했다. 신문을 사 들고 와서 기사의 내용을 수업에서 나누기로 마음먹었다. 나는 그 주의 과제로 이 신문을 복사해서 나눠주고는 기사를 읽고 내용을 입증하거나 반박하는 내용으로 세 쪽짜리 보고서를 작성해 제출하라고 했다.

놀랍게도 학생들은 매우 진지해져서 이 과제를 마치 피아제의 글을 분석하라는 과제처럼 받아들였다. 권위 있는 인물의 말이라면 아무리 터무니없어도 진지하게 받아들이게 하는 현

선생님께는 배우지 않을 거예요

교육 체제의 실효성에 대한 헌사를 보는 듯했다. 학생들이 작성한 내용도 놀랍기는 마찬가지였다. 그중에는 아기가 실제로 나무다리를 달고 태어날 수 있는지 진지하게 논하는 내용도 있었다. 환생에 대해 논하는 내용도 있었다. 두 명이 그 기사에 과학자와 의사의 말이 인용되어 있다는 점을 들어 사실이 틀림없다고 주장한 반면, 몇 명은 사실일 가능성이 떨어지는 이유를 논리정연하게 주장하려고도 했다.

내가 과제로 자기들을 시험하고 있다고 생각하면서도 그걸 솔직히 밝힌 학생은 아무도 없었다. 그때부터 수업은 평소와 상당히 다른 방향으로 흘렀다. 학생들에게서는 당혹스러운 기색이 역력했고 이따금 생산적 사고를 이끌어내는 감정의 동요도 엿볼 수 있었다. 그들은 이렇게 생각하는 듯했다. '이 미친 남자가 도대체 우리에게 무얼 시키는 거지?'

나는 질문을 던지고 터무니없는 기사를 읽으라고 하며 틀을 파괴하고 있었다. 학생들도 처음에는 그 기사를 읽지 않았다고 하다가 나중에서야 슈퍼마켓에 가서 읽어보았다고 실토했다. 그들은 내가 권위와 정보에 대해 깊은 지점을 우려했으며, 정답에 대한 대안으로서 내가 소개하는 문제 제기와 창의적 부적응이라는 방식에 겁먹었다.

상황이 이쯤 되자 나는 그들의 순진함을 계속 부각하다가는 모두가 수치심을 느끼고 결국 내 본래 취지와 어긋나겠다고 판단했다. 그래서 그들의 반응에 직접 응수하기보다는 기사에 언급된 의사와 과학자들을 주제로 삼기로 했다. 그들은 과연 누구인가? 그들의 권위를 어떻게 판단하며, 그들이 실존하는지 어떻게 알 수 있는가? 인쇄 매체도 거짓말을 할 수 있는가? 그렇다면 언제, 왜 거짓말을 하는가?

이후 며칠 동안 우리는 각종 전문가와 책, 저널과 미디어가 쏟아내는 주장을 어떻게 평가해야 할지에 관해 토론했다. 이렇게 시작한 주제는 자신의 마음과 판단, 경험의 신뢰도를 어떻게 끌어올릴지 고찰하는 시간으로 이어졌다. 그런 다음 나는 권위에 대한 무조건적 수용과 창의적 부적응 사이의 긴장으로 주의를 돌리고, 이어서 그 교육적 함의로 주제를 이어갔다.

기존의 틀을 부수고 의문을 던지는 능력은 남이 설정한 문제에 답하는 능력 못지않게 중요하다. 이것은 학생뿐 아니라 학생에게 마음을 써야 하는 교사에게도 해당한다. 그렇게 하려면 일상적인 사고와 관습에 감히 균열을 내려는 용기가 필요하며, 여기에는 애정 어린 마음으로 세상을 뒤집는다는 의미가 내포되어 있다. 그러나 순위 경쟁이 치열한 학교라는 환경에서는 매우 어려운 일이기도 하다.

　교수 기술의 핵심 요소에는 복종으로 유지되는 불량구조를 감지하고 분석하여 그 구조를 무력화할 전략을 익히고 계발하는 능력도 포함된다. 이것은 교사가 숨은 구조를 파헤치는 노련한 탐정이 되어 자신이 전수받은 관습이 배움을 가로막을 경우, 그 경로를 추적해야 함을 의미한다.

　유감스럽게도 교육 연구를 추진하고 전국 단위의 기준과 평가를 세워 교육을 단일한 예측·통제 체제로 전환하려는 동력은 그와 반대 방향으로 작용한다. 잘 가르친다는 것은 투쟁과도 같은 행위로, 여기에는 아이들이 자신을 규제하는 처방대로 기능하지 못할지라도 그들의 역량과 지성을 믿는 자세가 요구된다. 또한 학생의 실패를 체제의 실패로, 특히 그 실패의 범주에 학급·학교·공교육 전체에 이르는 대다수 학생이 포함될 때, 학생 개인이 아닌 체제의 실패임을 읽어낼 수 있는 통찰력이 요구된다. 또한 한 걸음 물러나 자신도 고장 난 체제의 일부임을 간파하고, 당대의 교육 관행에 부적응할 수 있는 용기를 키울 필요가 있다. 다시 말해 자신이 광포한 거대 체제 속의 일꾼에 불과함을 자각하여 체제를 보호하려는 욕구를 공개적으로 포기한다는 의미가 담겨 있다. 그런데 학생을 담당하는 입장에서 이런 행위에는 직업과 경력을 잃을 수도 있다는 위험이 뒤따른다. 체제 안에서 창의적 부적응을 벌이는 일에는 제약이 따르고, 공교육을 수행하는 입장에서는 그 제약으로 인해 체제의 밖에서 부터 행동해야 할 때도 있다. 그러나 학교를 현재의 존재 방식 대로 보호하지 않고도 공교육을 보호할 가능성은 남아 있다.

얼마 전 나는 대학원에서 '적절한 어휘 구사'라는 교사교육 수업을 진행했다. 현직 교사들을 대상으로 한 이 수업은 젊은 이들에게 판에 박힌 질문에 답하라고 요구하기보다는 자기 의견과 경험을 서로 이야기할 기회가 필요하다는 견해를 기본 전제로 두고 있었다. 수업 막바지로 가면서 우리는 학생들이 자기 생각을 지적으로 잘 말할 수 있게 할 방안을 두고 열띤 토론을 벌였다. 대부분의 교사는 학생을 학업 활동에 집중시키고 학습 결과물에 신경 써야 하기 때문에 생각하고 토론할 시간도 없이 통제된 교재를 사용하여 측정 가능한 과제에 매달려야 하고, 때문에 수업을 유연한 대화로 이어갈 수가 없다고 토로했다. 교사와 학생을 잡아 가둔 그물코는 매우 촘촘했다. 그 망에는 사고와 이야기가 자유로이 흐를 틈이 없었다. 그들의 교실을 얽어맨 삶의 방식은 학생의 발전을 가로막고 가르침을 갈망하는 교사의 열정을 꺼뜨렸다. 그 촘촘한 그물망을 찢고 나와 언어에 대한 사랑으로 흘러들어갈 방법과 소통의 기쁨에 대한 이야기가 수업 마지막 부분을 차지했다.

'나무다리를 달고 태어난 아기'처럼 터무니없는 이야기를 태연하게 꺼내기에는 이 교사들의 스타일과 수업 분위기가 너무 달랐다. 그들이 틀을 파괴하는 데 기여할 수 있는 다른 방법을 찾아야 했다. 교사들이 업무상 직면하는 불합리한 상황을 깊이 고민하기에 교육현장은 좀처럼 우호적이지가 않다. 그런 일은 교육전문가답지 못한 일로 치부될 터다. 그러나 우리는 기꺼이 전문가답지 않게 대응하기로 했다.

수업에 참가한 교사들은 교실에서 틀을 파괴하기 위한 저마다의 전략을 고안했다. 어느 교사는 그해 가장 중요한 과제물을 채점하는 대신 개정본을 작성시킬 것이라고 했다. 과제를 마친 학생에게 보상으로 쉬는 시간을 주는 대신 주제별 모둠토론과 벽화 프로젝트에 참여하도록 하겠다는 교사도 있었다. 또 다른 교사는 정규 수업 과제의 반 이상을 소설과 시 쓰기로 내주되, 성적은 매기지 않겠다고 다짐했다. 그리고 교사들 모두 하루에 적어도 15분 이상은 세상에서 벌어지는 일이나 학생들이 중요하다고 여기는 이야기를 나누겠다고 다짐했다.

그중 한 명은 이 수업에서 나온 모든 제안이 온전한 교육으로 가는 단계라고 했다. 그의 학군은 성과기반 학습·대안 평가·표준화 평가·전 과목 전국 표준을 비롯해 여러 불합리한 정책으로 쑥대밭이 된 상태였다. 그는 이에 맞설 각오가 있었으나, 비정상적이면서도 합법적인 학습의 틀을 의도적으로 깨뜨리려는 노력, 말하자면 부적응을 시작하기 위한 도화선이 필요했다. 그는 언젠가 적당한 날이 되면 일찍 출근해 책상과 의자를 교실 한구석에 쌓아 올릴 계획이라고 말했다. 학생들이 교실에 들어오면 아무 일 없다는 듯이 수업을 시작하고, 이후 반응은 전적으로 학생들에게 맡길 계획이라고 했다. 몇 주 후에 그는 실제로 그 계획을 실행에 옮겼다. 그가 전한 바로는 정작 자신이 가장 초조하게 학생의 반응을 기다렸으며, 무슨 상황인지 묻는 학생의 질문을 시작으로 그의 행동과 교실구조의 재배치를 두고 열띤 토론이 촉발되었다고 한다.

이것은 결코 작은 일이 아니다. 학생과 교사 양측 모두에게 틀을 부수는 커다란 한 걸음이 될 것이다. 교사가 권위(체제)의 명령을 넘어설 수 있고, 경계를 가로질러 새로운 형식의 연합을 만들 수 있다는 사유를 가능케 하는 일이다. 그러나 이것은 사적인 행동으로서 아직은 닫힌 교실의 문 뒤에서 벌어진다. 창의적 부적응의 다음 단계는 더욱 어렵다. 다른 교사들과 접촉하고 학교가 속한 지역사회에 접점을 만들려는 노력, 좋은 교육을 향한 투쟁에 다른 이들의 참여를 이끄는 일, 자신의 학교와 지역사회를 이끄는 일, 그 역할에 대한 책임이 그 과정에 포함된다.

교육적 무능력을 꼬리표로 덮지 말라

공교육 안팎의 사람들이 공교육을 지키기 위해 할 수 있는 일은 많다. 한 가지 꼭 필요한 일이 있다면 좋은 실천 사례, 즉 공교육의 울타리 안에서도 제대로 기능하는 학교나 교실을 발굴하는 것이다. 교육자로서 우리가 해야 할 일은 좋다고 생각되는 실천을 분명히 드러내고 지키는 것이다. 수많은 실패를 양산하는 체제 속에서, 이것은 해내기 어려운 일이다. 그럼에도 불구하고 제 기능을 하는 공교육의 본보기는 분명히 있으며, 그 활동을 기록한 책들도 찾아볼 수 있다.[*]

자기 자신과 학교를 위해 좋은 실천 사례를 모아 자료를 구

---

[*] 로리 올슨Laurie Olsen이 편집한 《다양성 품기Embracing Diversity》(San Francisco: California Tomorrow, 1991), 《좋은 공립학교The Good Common School: Making the Vision Work for All Children》(Boston, MA: National Coalition of Advocates for Students, 1992), 조지 우드Geroge Wood의《기능하는 학교Schools that Work: America's Most Innovative Public Education Programs》(New York: Dutton, 1992)가 그런 책들이다. 교육 저널인 〈학교 재고찰Rethinking Schools〉(1001 E. Keefe Ave., Milwaukee, WI, 53212)도 공교육의 테두리에서 찾을 수 있는 뛰어난 자료로서, 현재의 학교 개혁 투쟁에 대한 놀라운 정보를 얻을 수 있다.

축하자. 전국의 공교육 상황을 훤히 들여다볼 수 있을 만큼 해박해져서 그 지식을 교사조직과 관련 분야의 공동체와 공유하는 일도 창의적 부적응의 실천으로 볼 수 있다.

한 가지 덧붙이자면, 교육 행위라는 명목으로 붙은 모든 꼬리표의 범주를 검토하고 학생에게 상처를 입히거나 그들의 가능성을 제약하는 모든 조치에 맞서는 것이 교사인 우리의 책임이다. 실패하는 학생을 지속적으로 확보해야만 운영자금을 지원받을 수 있는 프로그램이 전형적인 예라 할 수 있다.

1970년대 초, 나는 남부 캘리포니아의 치카노 대학생 단체로부터 지역 공립학교의 읽기·쓰기 프로그램 계발을 도와달라는 요청을 받았다. 그 학교가 속한 학군은 이 대학과 제휴를 맺기로 협약하고 3학년과 4학년 가운데 몇 학급을 프로그램 대상으로 선정했다. 선정된 학급의 아이들 대부분은 이른바 '타이틀 포Title IV'에 해당했다. 다시 말해 가난하고, 주로 소수집단 출신인 데다가, 자기 학년의 성취 기준에 미달하며, 따라서 1964년 초중등 교육법the Elementary and Secondary Education Act of 1964의 타이틀 포에 따라 연방정부의 추가자금 지원 조건을 충족하는 아이들이다. 연방정부의 지원금은 프로그램 운영에 쓰일 예정이었다.

일 년에 걸친 노력 끝에 프로그램은 결실을 거두기 시작했다. 하나둘씩, 작은 단위로 성취 기준에 부합되는 학생들이 나오기 시작하더니 3분의 2가량의 학생이 성취 기준 이상의 성적을 내며 프로그램의 효과를 입증했다. 이 시점에서 그 단체 소속 대학생 일부가 내게 남부 캘리포니아로 돌아와 다음 단계의 기획을 도와달라고 요청했다. 이들은 프로그램을 확장해 5·6학년과 1·2학년으로 대상을 넓힐 계획이었다.

그런데 방문 며칠 전 나는 전화 한 통을 받고 프로그램이 취소되었다는 사실을 전해 들었다. 프로그램이 다수의 3·4학년 학생을 동급생 기준으로 올려놓는 데 성공했으므로 그 학생들은 더 이상 타이틀 포의 지원 요건을 충족시키지 못한다는 것이 그 이유였다. 학군의 타이틀 포 지원 예산은 삭감되었고 그 프로그램은 앞으로 재정적 지원을 받을 수 없게 되었다. 결국, 프로그램은 종료되어야 했다. 학교와 학군의 운영자들은 그 대학생들과 대학의 프로그램이 보조금 계획을 망쳐놓았다고 화를 냈다. 심지어 관리자 한 명은 프로그램을 유지하기 위해 타이틀 포의 요건에 맞는 학생 수를 확보해야 한다며 공청회에서 발언하기도 했다. 그리고 불과 한 학년도를 마치기도 전에 그 학교는 타이틀 포 예산을 지원받기에 충분할 정도로 많은 실패

학생을 만들어 재편성했다.

타이틀 포를 비롯해 예산 지원 조건을 학생의 실패와 엮는 프로그램에는 성공을 염두에 둔 기제가 없다. 이런 프로그램들은 공평성의 문제와 엮여야 하고, 학습 결손을 일시적으로 교정하는 차원이 아니라 양질의 교육을 유지하는 데 중점을 두고 운영되어야 한다. 이런 프로그램에 부적응하면서도 창의적으로 대응하려면 교정 프로그램이 아닌 지속가능한 좋은 교육에 지원을 요청하는 입법을 탄원하고, 교사조직·지역사회와 더불어 정치적으로 압력을 행사해야 한다.

교육적 무능력을 덮기 위해 아이들에게 꼬리표를 붙이는 전략은 가난한 아이들에게만 국한되지 않는다. 이런 낙인찍기의 주된 피해자 중에는 중산층 아이들도 있는데, 그들은 좋은 성적을 낼 만한 능력이 있어도 의욕을 일으키지 않는 상황에서 그렇게 하기를 거부한다. 교육자로서 교육적 관행을 검토할 필요가 없고, 그 관행이 실패할지라도 바꿀 필요가 없다는 안일한 사고가 확장되며 이런 범주가 만들어졌다. 최근에 새로운 범주의 꼬리표가 만들어졌으니, 바로 주의력 결핍 장애Attention Deficit Disorder인 ADD이다. ADD로 진단받은 학생들은 종종 교

선생님께는 배우지 않을 거예요

사를 비롯한 권위 인물이 이야기할 때 얌전히 앉아 경청하기를 거부한다. 그들은 지시에 맹목적으로 따르기를 거부하고, 이미 안다고 생각하는 내용의 따분한 학습지나 기타 과제물도 거부한다. 흥미로운 점은 이러한 태도가 장차 참여를 중시하는 시민 자격에 긍정적인 요건이라는 것이며, 이에 따라 ADD는 공교육 당국이 민주주의 정신을 억누르는 방식이라는 주장도 나올 수 있다.*

신경과 의사인 제럴드 콜스Gerald Coles는 교육적 장애아the educationally handicapped(EH)에 대한 책《학습의 비밀The Learning Mystique》에서 충분한 근거를 대며 모든 EH 아동에게 공통된 생리학적·의학적 조건이 없음을 밝힌다. 그의 주장은 ADD에

---

* 미국에서 1960년대부터 글을 깨치지 못하는 백인 중산층 학생이 갑자기 늘기 시작했다. 그전에는 주로 소수인종이나 저소득층 학생에게서 이런 증상이 두드러졌고, 당시만 해도 '사회적 박탈'에서 원인을 찾았다. 그러나 백인 중산층에서 비슷한 문제가 나타나자 교육 및 의료 당국은 '학습장애'를 공식화하면서 환경적 요인보다 유전적 요인을 강조하기 시작했다. 1970년 대에 도파민과 이런 학생들과의 관계에 대한 연구결과가 나오면서 ADD나 주의력행동결핍과 잉행동장애(ADHD)같은 병명을 붙이고 학교에 적응하지 못하는 아이들에게 이런 진단을 내리는 사례가 급증했다(크리스 메르코글리아노, 《가만히 있지 못하는 아이들》, 민들레, 2009, pp. 7–8.). 퓰리처상 수상 작가인 나탈리 앤지어Natalie Angier는 〈뉴욕타임스〉 칼럼에서 톰 소여 같은 장난꾸러기나 반항아 기질의 학생은 품행장애와 ADHD와 같은 판정을 받기 쉬우며, 숙제를 잘하지 못하면 난독증이나 학습장애 등으로 진단하는 추세를 지적했다. 물론 온전히 의학적 문제에 해당하는 학생이 있는 것도 사실이지만, 어느 순간 장애 판단을 받은 학생이 급증한 사실을 짚었다. 앤지어는 전문가의 의견을 인용해 범죄에 대한 우려와 학생의 행동 규제, 튀는 학생에 대한 불관용 같은 교육계의 태도로 이런 진단이 급증했다고 꼬집었다(Natalie Angier, "The Nation; The Debilitating Malady Called Boyhood." New York Times, July 24, 1994. http://www.nytimes.com/1994/07/24/weekinreview/the-nation-the-debilitating-malady-called-boyhood.html.). 마침 나탈리 앤지어의 칼럼이 나온 해도 허버트 콜의 본서가 출간된 해와 같다.―옮긴이

있어서도 유효하다. 콜스의 주장에 따르면, EH는 뇌의 이상이라 할 만한 상태가 아니다.

일단 EH로 구분된 아이는 일과 내내 혹은 일부분 동안 평소 지내던 교실에서 나오게 된다. 대부분은 원래의 교실에서 이미 배우는 데 실패한 내용을 축약본으로 배워야 하고, 그중 일부는 리탈린을 복용하기도 하기도 한다. 때로는 특수학급으로 보내지기도 하는데, 이것은 정규학급보다 작은 규모이며 특수 교육에 대한 특별법에 따라 예산을 지원받는다. 특수학급 교사들은 EH 전문가로, 대학에서 EH 아동 교육에 대한 특수 교과를 이수해 그 분야에 자격이나 석사 학위까지 있는 사람들이다. 게다가 그런 강좌들은 보통 EH 교육을 전공한 교수들이 가르친다. 그러나 EH 아동 교육에서 가르치는 내용 자체는 평범한 교사 교육과정에서 가르치는 내용과 크게 다르지 않다.

이렇게 해서 EH 아동은 법과 규제, 자금, 대학 강좌, 학위와 자격을 필요로 하는 전 사회적 체제에 포위되었다. 모든 아이(특히 소수집단과 노동자 계급, 가난한 집안 아이)를 교육하는 데 있어 정규 교실은 무능력하다고 규정되고, 이로 인해 '보통' 교실에서 쫓겨나 병적이라 진단받은 아이들에 기대는 직업이 생겨났다. 아이들에게 낙인을 찍어야 존재 가능한 프로그램(교사가

선생님께는 배우지 않을 거예요

아이의 결손 여부를 판정할 자격을 주는 대학의 프로그램도 포함하여)은 창의적으로 부적응하는 교사의 힘으로 제지되어야 한다. 교사 교육 기관들은 그들이 말하는 소위 '동종업계로부터의 압력'에 매우 민감하게 반응한다. 따라서 제도화된 낙인찍기에 대해 전문가 회의에서 공개 발언하거나 항의 서한을 보내는 행동은 매우 효과적일 수 있다. 학급 담당 교사가 학생을 특수 교육에 위탁하는 것을 거부하는 행위도 마찬가지다.

학교에 EH라는 사회적 하부조직이 생겨났다고 해서 EH로 진단받은 학생의 성취도가 크게 향상된 것도 아니다. 실제로 학교의 실패는 언제나 학생의 실패로 취급되며, 실패적 관행의 희생자를 탓하는 것으로 책임을 면할 수 있다는 사고가 굳어졌다. 그로 인해 새로운 직업이 확산되었을 뿐만 아니라 병적 행동에 대한 새로운 범주를 끊임없이 만들어내는 결과를 초래했다. 학교의 실패가 대규모에 이르면 개인 차원의 병적 진단 체계를 넘어서는 분위기가 조성된다. 그러면 사회적으로 낙인을 찍을 새로운 범주가 개발되는데, 이로 인해 사회적 편견이 행동 통제라는 사이비 과학 체계로 탈바꿈하게 된다. 예를 들어 '위험at risk'이라는 분류는 개별 학생에게 적용되기도 하지만 대부분 사회적 낙인의 형태로 존재하며, 종종 인종차별이나 계급적 편견과 구분하기 어려울 때도 있다.

 '위험' 또는 '위험 행동'의 명확한 정의를 찾기는 쉽지 않다. 내가 본 것 중 가장 명확한 정의는 주디 브라운 레어Judy Brown Lehr와 헤이즐 위긴스 해리스Hazel Wiggins Harris의 《교실에서의 위험·저성취 학생At Risk, Low-Achieving Students in the Classroom》에 나온다. 저자들은 책의 첫 단원에서부터 "아무리 문헌을 검토해봐도 위험·저성취 학생에 대해 공인된 정의는 확인하지 못했다"고 시인한다. 이어서 저자들은 '위험·저성취 학생'에 붙을 만한 꼬리표를 나열한다. 그들이 제시한 꼬리표 몇 가지를 여기 소개한다.

 불우, 문화실조culturally deprived, 학습부진아, 낙제, 능력 부족, 학습지진아, 낮은 사회경제적 지위, 언어장애, 자퇴 가능, 소외, 주변적, 권리 박탈, 빈곤, 혜택 없음, 수행능력저조, 교정 필요*

 계속해서 저자들은 위험 학생을 판단하는 데 쓰일 만한 특성을 다음과 같이 열거한다.(위험 학생을 확인하기 위해 모든 사항을

---

*   Judy Brown Lehr and Hazel Wiggins Harris, *At-Risk, Low-Achieving Students in the Classroom* (Washington, D.C.: National Education Association, 1990), p. 9.

                                      선생님께는 배우지 않을 거예요

제시할 필요는 없다면서 일부만 제시한다.)

> 학문적 어려움, 구조 부족(체계적이지 못함), 부주의, 주의
> 산만, 짧은 주의지속 시간, 낮은 자존감, 건강 문제, 과도
> 한 결석, 의존, 훈육 문제, 흥미의 폭이 좁음, 사회적 기술
> 부족, 압력 대응력 부족, 실패에 대한 두려움(학습으로 인
> 한 위협감), 동기 부족[*]

위험에 속하는 학생의 판별에 따르는 문제는 그 자체로 위험
하기 짝이 없다. 어느 아이를 '위험'하다고 판단하는 것은 그
아이를 실제 행동이 아니라 '장차 할지도 모르는 행동'으로 특
별 취급하기 위해 선별한다는 말이다. 단지 학교 성적이 낮은
아이라고 해서 반드시 위험 학생이라는 법은 없다. 의지가 강
하고, 학교의 환경 때문에 문화적 자부심과 자존감에 상처를
입었다고 생각하는 아이도 마찬가지다.(우리나라의 국립특수교육
원에서는 위험 아동at-risk children을 '현재 지적, 사회적 정서 및 행동 등
에 장애가 있는 것으로 진단되지는 않았으나 이와 관련한 곤란이 더욱
심각해질 수 있거나 장애 진단이 예상되는 아동'으로 정의한다. – 옮긴이)

---

[*]   같은 책., p. 11.

무엇이 한 아이를 위험 학생으로 만드는 것일까? '위험'이라는 범주를 만들어낸 사람들의 저의는 무엇일까? 위험 아동은 무엇을 하는데 위험하다는 것일까? 쉽게 말하자면, 위험 아동은 순응하고 '적당히' 자리 잡는 법을 배우지 않으며 그들이 겪는 빈곤과 편견으로 인해 사회를 등질 위험에 처해 있다. 아이들은 부적응할 수 있고, 교사의 역할은 그 부적응이 순기능하며 창의적으로 발현될 수 있도록 하는 것이지 억압하는 것이 아니다.

교육자로서 창의적으로 부적응할 수 있는 강력한 방안 한 가지를 제시하자면, 모든 범주화를 부인하고 교육 관행을 바꿀 책임을 떠맡아 이전에는 감당할 수 없었던 아이들에게 효과를 내도록 노력하는 일일 것이다. 또 다른 방안으로는 학교 안에서 순수한 교육적 선택을 옹호하고, 교사·부모·교육자 집단이 공교육 체제의 맥락 속에서 효과적으로 움직일 자유와 자원을 확보하며 학교 속 작은 학교를 만들 권리를 찾자고 요구하는 것이 있다.

창의적 부적응에는 위험이 뒤따른다. 해고를 당하거나, 공들여 유지해온 교육 활동이 위협을 느낀 교육 관료나 보수적인 의사결정 기구에 의해 와해당할 수도 있다. 학교와 가정으

선생님께는 배우지 않을 거예요

로부터 문제를 일으키지 말라는 압력을 받을 수 있고, 이제 그만 적응하고 잠자코 있자는 유혹에 굴복하고 싶을 수도 있다. 언제 어디서, 어떻게 부적응할 것인지 그리고 부적응할지 말지의 선택은 도덕적인 동시에 전략적이며, 아무리 그 선택이 사회적·교육적 결과를 초래할지라도 근본적으로는 개인적이며 사적인 행위다.

누군가 학교를 개조하고 공교육의 공평성과 품위, 창의성과 열린 태도의 필요성을 재확인하고자 한다면, 그에게 있어 생존과 도덕적 행위 사이의 좁은 선을 걷는 행위는 부단한 노력이 필요하면서도 두려움을 수반하는 도전과도 같다. 우리는 체제 안에서 체제의 반대편에 선다는 것에 대해 숙고해야 하고, 그 역할을 뚜렷하고 분명하게 밝혀야 한다. 동지를 찾아 연대를 굳건히 하고, 의사결정 기관과 교육 관료, 때로는 우리 자신이 속한 노조와 맞선다 해도 최고의 실천으로 입증된 교육관을 밝히는 데 두려움이 없어야 한다. 또한 우리는 종종 우리가 학생들에게 들려주었던 말, 즉 '우리는 우리가 되고자 하는 사람이 될 수 있으며 희망을 품고 살아야 하고, 좋은 삶과 좋은 세상을 만들 수 있다'는 말을 항상 기억하고 확인해야 한다.

교실 벽을 허물고 교육계 전통을 파괴한 교육자,
허버트 콜

그때 선생님이 너무 심하게 때리는 게 내가 보기에 부당하게 보였거든요. 그래서 이건 너무 심하다, 이러면 안 된다고 항의하고 붙잡고 싶은 마음이 막 차올랐어요. 그런데 1학년 때였고 선생님이니까, 결국 그렇게 못했어요. 엉덩이를 들썩들썩하다가 끝내 못했던 거죠. 마음이 많이 안 좋았어요. 너무 부당하다는 생각이 가시지 않았거든요. 그래서 속으로 결심을 했어요. '나는 저 선생님 수업을 안 듣겠다'고.*

---

* 문재인, 이나미, 《운명에서 희망으로》, 다산북스, 2017, p.118

위 글은 발간 당시 대통령 후보였던 그의 책에 나오는 한 대목이다. 그에 대한 지지 여부는 접어두고 이 대목에만 주목해 보면 허버트 콜이 말하는 '배우지 않기not-learning'가 무엇인지 구체적으로 확인할 수 있다. 본 책의 표제작인 〈선생님께는 배우지 않을 거예요〉에서 허버트 콜은 학교나 교사의 편향된 가치와 차별, 개인의 신념과 양심에 어긋나는 교육행위를 배우기 거부하는 학생의 선택적 학습 행위를 통찰한다. 학습할 능력이 있음에도 배움을 거부하는 학생들을 오랜 기간 봐온 콜은 교사가 원인을 제대로 파악하여 학습장애아나 문제아 같은 잘못된 딱지를 붙이는 오류를 범하지 말아야 한다고 당부한다.

콜의 통찰을 따라 우리의 교실을 둘러보면 학습 능력이 떨어진다고 여기던 아이들이 실은 배우지 '않는' 것이라는 사실에 눈 뜨게 된다. 몇 년 전 내가 위탁형 대안학교에서 만난 아이들도 제각각 다른 이유로 배우지 않는 아이들이었다. 다니던 학교의 교육과정을 소화할 수 없다고 해서 그곳으로 보내진 아이들은 실은 자기 관심이나 적성과 너무도 다른 수업을 배우기 거부한 것이었고, 자기의 페이스를 고려 않고 일방적으로 달려가는 교육과정을 따르지 않기로 선택한 것이었다. 책과 칠판으로 가르치려 하기보다는 눈을 마주치고 교과의 틀을 허물 때,

아이들은 경계를 풀고 그동안 거부하던 배움에 동참했다. 오래전 청소년 야학으로 시작해서 대안교육, 공교육에서 만난 학생을 보며 내가 깨달은 것은 원치 않는 공부를 하지 않으려는 학생이 있을 뿐, 못하는 학생은 없다는 점이다. 교육과정의 준수를 반드시 도달해야 할 보편적 과제로 여기는 입장에서는 이런 해석이 가당치도 않을 것이다. 그럼에도 불구하고 우리 아이들을 무언가 부족해서 못한다고 보는 것과 어떤 이유로 하지 않는다고 보는 것에는 엄청난 차이가 있다. 후자의 시각으로 아이를 보면 그 아이의 가능성을 발견하게 된다. 가능성을 발견하면 무관심도 포기하려는 마음도 사라진다. 도발적인 제목에 끌려 이 책을 읽고 나서 나의 깨달음이 옳았음을 확인했던 순간은 최근의 독서 경험 중에서도 가장 큰 희열의 경험으로 남아 있다.

허버트 콜에게는 우리에게 알려지지 않은 중요한 이력이 하나 있다. 1987년 7월 19일자 〈LA타임스〉는 그가 동명의 책을 통해 '열린교실open classroom'이라는 용어를 실질적으로 처음 만들어낸 교육자라고 소개한다. 그의 열린교실이 1990년대 우리나라 공교육에 불어 닥친 열린교육 열풍의 진원지였는지는 정확히 알 길이 없으나, 국내 문헌에서 찾아본 열린교육의 배경과 그의 교육여정을 추적해보면 유의미한 연결 지점을 찾을 수 있다.

1960년대 미국에서는 버클리대학을 중심으로 한 전통 파괴 운동이 일었다. 냉전시절 소련과의 우주 경쟁으로 미국 교육이 지식중심, 교사중심의 학문적 교육으로 회귀하자 교육자들은 이에 대한 반성과 돌파구로 당시 영국의 비형식적 교육운동에 눈을 돌렸다. 그들이 영국의 교육현장을 참관하고 소개하면서 열린계획학교open plan school와 열린교육open education을 확산시키기 시작했다. '열린'이란 용어는 이 시기의 전통파괴운동에서 비롯했다.*

한편, 허버트 콜은 하버드 졸업 후 50년대 말 옥스퍼드의 유니버시티 칼리지에서 수학했고, 1968년에는 버클리대학의 객원 교수로 재직하면서 교사 교육과 교육과정을 연구했다.《교사로 성장하기Growing Minds on Becoming a Teacher》(1984)의 추천사에는 그가 1962년 교직에 몸을 담은 이후 장차 진보교육이나 비형식적 교육, 열린교육이라 불렸을 만한 교육을 했다는 설명이 나온다. 같은 책 본문에는 그가 유치원과 초1 통합 학급을

---

* 이성은, "열린교육에서의 협력학습모형 개발", 《교육과학연구》, 제26집, 1997, pp.176-177

꾸려 한 교실에서 여섯 개의 학습 센터를 운영하던 상황도 묘사된다.*《열린교실*Open Classroom*》을 출간한 1969년에는 미국 공교육의 첫 대안교육 사례로 꼽히는 아더웨이즈Other Ways를 운영했으며, 1972년에는 열린교수학습센터Center for Open Learning and Teaching에서 교사 양성과 교육과정 개발을 담당하기도 했다. 비형식적 교육의 진원지인 영국에서 수학한 경험과 전통 파괴의 중심지인 버클리에서 연구와 교직을 이어갔다는 점, 교육현장에서 학습자 중심 교육과 권위 형식에서의 탈피를 꾸준히 실천한 점을 퍼즐조각처럼 맞춰보면, 그의 노력이 저작과 함께 알려지면서 당시 버클리를 중심으로 태동한 교육 운동과 융합한 것으로 추측할 수 있다.(1995년 교육개혁안으로 우리 공교육에 본격 도입된 열린교육은 그 방법론에 담긴 철학적 고민과 열악한 교육 여건의 개선 없이 관제화되고 획일화되었다는 평가를 받기도 했다.)

《열린교실》 이전에도 그는 이미 《36명의 아이들*36 Children*》(1967)로 미국 교육계에 큰 울림을 준 전력이 있다. 이 책은 그가 할렘에서 흑인 학생들을 가르치며 교직을 시작하던 시절의 이야기로, 미국 공교육 내에 있는 아프리카계 미국인을 비롯한 소수 민족 학생과 계층 문제에 대한 논쟁을 야기했다. 이 책

---

* Herbert Kohl, *Growing Minds on Becoming a Teacher* (New York: HarperCollins Publishers, 1984)

은 출간 후 수십 년이 흐른 지금도 여전히 미국 대중 교육서 가운데 클래식으로 꼽히고 있고, 이 책에서 비롯된 논쟁은 공교육개혁과 교직, 학습에 대한 담론으로 이어졌으며, 미국의 대안교육 운동에도 영향을 끼쳤다. 책이 나온 해 시사 주간지 〈타임〉에서는 허버트 콜과 조너선 코졸, 존 홀트 등을 공교육에서 광분하는 좌익 마피아left-wing mafia라 경계하던 당시의 시대 분위기를 전했다.* 기성 체제에 대한 반발이 터져 나온 1960년대 이후의 미국 주류 교육계가 허버트 콜의 교육 행위를 얼마나 눈엣가시로 여겼는지 짐작할 수 있다.

〈타임〉에서 허버트 콜과 함께 언급한 조너선 코졸과 존 홀트의 교육 서적은 그동안 우리나라에서 여러 권 번역되어 각각 공교육 문제와 홈스쿨링이라는 주제로 큰 화두를 던졌는데, 무려 40권에 이르는 저작과 출판 분야의 여러 수상 경력에도 불구하고 허버트 콜의 교육 이야기가 소개되지 않은 점은 참으로 의아하다.(동물의 눈으로 본 생태계 이야기인 《떡갈나무 바라보기》와 교육에서 예술의 중요성을 강조하여 엮은이로 참여한 《뮤즈 학교에 가다》가 전부다.) 심상치 않은 제목에 이끌려 발견한 이 책을 통해

---

* Allan Parachini, "'Free School' Pioneer Awaits New Revolution: Herbert Kohl, Educator-in-Exile, Predicts a Swing Away From 'Back to Basics' Movement". *Los Angeles Times*, July 19, 1987.

그의 이야기가 늦게나마 많은 이의 가슴 속에 파고들었으면
한다.

허버트 콜은 백인남성 중심 미국 사회의 각종 차별과 빈부
격차로 인한 공교육의 문제를 꾸준히 짚어왔고, 총 다섯 편의
에세이로 구성된 이 책에서 그 문제의식을 확인할 수 있다. 구
글에서 검색하면 이 책에 수록된 에세이 가운데 무려 세 편의
사본을 접할 수 있을 정도로 원서 독자들 사이에서 공유할 가
치가 크다고 여겨지고, 교육학 분야에서도 중요한 논제로 다
루고 있음을 짐작할 수 있다. 최근에서야 우리 사회에 두드러
진 성차별, 다문화 · 다양성의 확산으로 나타나는 소수자 · 인
종 차별, 빈부 격차에 따른 교육 내 계층 문제, 교과편성 주체
의 편향성 등 여러 문제에 대한 그의 비판과 진단을 오래전 그
의 저서에서 확인할 수 있다. 이 책을 읽고 나면 지극히 당연해
서 오히려 소홀했던 '참교육'에 대한 열망을 다시 끄집어낼 수
있을지도 모르겠다. 용어와 의미 사이의 괴리감이 커 베일에
싸여있던 '정치적 올바름Political Correctness'이라는 말의 배경을
확인하는 것도 재미있는 발견일 것이다. 아무쪼록 그의 혜안과
더불어 지혜와 경험, 무엇보다도 아이들에 대한 사랑에서 우러

난 교육관이 우리의 영원한 화두인 교육문제를 짚어보는 나침반이 되기를 기대한다.

오필선